# EIN CYMRU NI

straeon am amrywiaeth a pherthyn



atebol

Cyhoeddwyd yng Nghymru yn 2025 gan Atebol, Adeiladau'r Fagwyr, Llanfihangel Genau'r Glyn, Aberystwyth, Ceredigion, SA24 5AQ.



Addasiadau Cymraeg o *Troedio Trywydd Newydd*, *Cárnifal Tre-biwt*, *Bara a Chaws*, *Morabeza Inn* ac *Y Llun Priodas* gan Manon Steffan Ros.

Adnoddau addysgol gan Gareth Evans-Jones

Mentor i Chantelle Moore, Gail Sequeira a Richard Parks: Haf Llewelyn

Darllenwyr sensitifrwydd: Malachy Edwards a Natalie Jones
Ymgynghorydd cynnwys: Ndidi John

Dyluniad gan Almon
Dyluniad clawr gan Tanwen Haf

ISBN: 978-1-80106-450-7

Mae'r cyhoeddwr yn cydnabod cefnogaeth Cyngor Llyfrau Cymru a Llywodraeth Cymru.

atebol.com

Argraffwyd yng Nghymru

FSC www.fsc.org CYMYSGEDD Yn cefnogi coedwigaeth gyfrifol FSC® C013417

**Mae'r gyfrol yn archwilio rhai themâu sensitif.**

RHYNGOM
PLETHU POBL DRWY LYFRAU

Llywodraeth Cymru
Welsh Government

BLACK HISTORY WALES

HANES POBL DDUON CYMRU

# Cynnwys

# Shahzaib yr Archarwr

## Gan Haf Llewelyn

'Diolch byth 'mod i adre!' ochneidiodd Shahzaib – doedd o ddim wedi cael diwrnod da yn yr ysgol heddiw. Ond roedd Dad wedi deall fod rhywbeth o'i le ac wedi prynu llyfr newydd iddo i godi ei galon. Llyfr tynnu llun, gyda'i lond o dudalennau gwyn gwag. Roedd Shahzaib wedi cael set newydd o binnau ffelt hefyd. Byddai'n eu cuddio oddi wrth ei chwaer fach, Kinza, oherwydd roedd hi byth a hefyd yn dwyn ei binnau ffelt i ymarfer ysgrifennu ei henw – neu i beintio'r waliau neu ei bysedd. Fyddai Kinza byth yn rhoi'r caead yn ôl ar y pinnau ffelt, felly pan fyddai Shahzaib eisiau eu defnyddio, roedd yr inc yn hollol sych.

'Kinza! Rwyt ti'n BOEN!'

Fel arfer roedd Shahzaib yn garedig wrth ei chwaer fach, ond nid heddiw.

Hoff bethau Shahzaib oedd archarwyr ac roedd wrth ei fodd yn meddwl am rai newydd sbon, gan dynnu eu lluniau a chreu storïau amdanyn nhw. Roedden nhw bob amser yn gryf ac yn ddewr. Roedd ambell un yn gallu dringo waliau adeiladau uchel, neu'n gallu hedfan fel yr archarwyr enwog ar y teledu.

Heddiw roedd Shahzaib wedi agor ei lyfr newydd. Dewisodd bìn ffelt porffor. Dyma'r lliw i'w archarwr newydd. Roedd Shahzaib wedi cael syniad am bŵer hud i'w archarwr, ac roedd wedi meddwl am enw iddo hefyd. Byddai'r archarwr hwn yn medru siarad a deall pob iaith yn y byd. Wrth fedru gwneud hynny, byddai'n gallu deall beth fyddai plant fel Shahzaib yn ei ddweud wrtho, a byddai'n gallu ynganu enwau pobl fel Shahzaib hefyd.

Ei enw fyddai Sam.

Ond, cyn rhoi llinell ar y papur gwyn, cyn i Shahzaib fedru gorffen ei lun, daeth Kinza ar ras i'r ystafell. Rhuthrodd at Shahzaib – roedd hi eisiau'r pinnau ffelt hefyd – roedd hi mor falch ei bod yn gallu ysgrifennu ei henw nawr.

'Na, Kinza!'

Ceisiodd eu cadw cyn i'w chwaer eu sgrialu i bob man ond roedd hi'n llawer rhy gyflym. Cipiodd y lliw porffor yr oedd Shahzaib ei angen, cyn gwneud marc anniben ar y dudalen.

'Dwi isio sgwennu enw!' sgrechiodd wrth i Shahzaib gipio'r pìn ffelt o'i llaw.

Gwyliodd Shahzaib wrth i wên Kinza droi'n gam. Cuddiodd ei hwyneb yn ei dwylo a rhoi un sgrech hir uchel.

Rhuthrodd Dad trwodd o'r gegin.

‘Beth sydd heddiw, Shahzaib? Rwyt ti’n arfer bod mor garedig wrth Kinza.’

‘Ond mae hi wedi dwyn yr union liw dwi isio,’ ceisiodd Shahzaib. ‘Dwi angen yr un porffor oherwydd mai porffor ydy lliw fy archarwr newydd i. Mae hi wedi sgriblo dros y llun hefyd.’

Swatiodd Kinza ar lin Dad ac edrychodd y ddau ar y llun roedd Shahzaib wedi ei dynnu.

‘Pwy ydy hwnna?’ holodd Dad. ‘Beth mae’n gallu’i wneud, Shahzaib?’

‘Mae’n gallu siarad pob iaith a dweud enwau pawb yn iawn,’ meddai Shahzaib.

‘Beth fydd ei enw felly?’ holodd Dad wedyn.

‘Sam.’

Edrychodd Dad ar Shahzaib a’i ben ar un ochr. ‘Sam? Ie… dwi’n hoffi’r enw yna ond pam?’

‘Am ei fod yn hawdd ei ddweud a fydd neb yn ei ynganu’n anghywir.’

* * *

Y bore hwnnw roedd Shahzaib wedi brysio am yr ysgol fel arfer. Roedd wrth ei fodd yn nosbarth Ms Bowen gyda’i ffrindiau gorau – Cai, Saraswati, Amy, Yousuf, Mali a Harper. Roedden nhw i gyd wrth eu boddau gydag archarwyr, a phob amser egwyl bydden nhw’n rhuthro i’r buarth i chwarae. Weithiau bydden nhw’n achub y byd o ddwylo cawr enfawr gyda dannedd gwaedlyd. Weithiau bydden nhw’n arwain

Kinza a phlant bach y dosbarth derbyn i ddiogelwch rhag gorfod bwyta llond sosban o lobsgows seimllyd Anti Mair, y gogyddes. Dro arall, achub Ciri'r gath oedd eu gwaith, wedi i honno ddringo'r holl ffordd i ben yr hen dderwen ynghanol y buarth a methu dod i lawr. Bryd hynny byddai'n rhaid sefyll yn rhes, ysgwydd wrth ysgwydd, yna sibrwd y geiriau hud (fedrwn ni ddim dweud beth ydyn nhw, neu fydden nhw ddim yn hud). Yn dilyn hynny byddai'n rhaid chwifio bys cyntaf eu llaw chwith yn glocwedd, a rhedeg o amgylch y dderwen dair gwaith! Byddai'r gath yn glanio'n ddiogel yn ôl ar y ddaear wedyn. Roedd y chwech ohonyn nhw yn archarwyr anhygoel!

Ond heddiw, doedd Ms Bowen ddim yn ei lle arferol wrth ddrws y dosbarth i groesawu pawb. Doedd ei chôt hi ddim y tu ôl i'r drws, a doedd ei bocs bwyd hi ddim ar y silff wrth y ffenestr.

'Ble mae Ms Bowen?' gofynnodd Amy.

'Dydy hi ddim yma heddiw,' meddai Harper. 'Mae hi'n sâl,' ychwanegodd.

Teimlodd Shahzaib bigyn bach yn ei ochr. Roedd popeth yn iawn pan oedd Ms Bowen yno; roedd pawb yn glên a charedig, gan mai un felly oedd Ms Bowen.

Heddiw, dim ond Amy a Shahzaib oedd yn eistedd ar y mat. Roedd y sŵn yn dechrau codi a baglodd Cai dros gadair, gan wthio Mali ar draws y silff lyfrau ac achosi i rai o'r llyfrau ddisgyn ar draed Tom. Gwthiodd hwnnw Mali a syrthiodd hithau i ganol y cotiau.

Pan agorodd yr athro newydd – Mr Huws – y drws, roedd hi'n draed moch yn nosbarth Ms Bowen.

'Pawb i eistedd ar y mat, os gwelwch yn dda!' galwodd Mr Huws, ond doedd neb yn gwrando. Yna, rhoddodd Mr Huws ei ddwylo fel cwpan o amgylch ei geg a rhuo, 'PAWB I EISTEDD! NAWR!'

O diar. Roedd teimlad rhyfedd ym mol Shahzaib ac roedd golwg ar Amy fel petai hi ar fin crio. Ond brysiodd pawb i eistedd ac aeth Mr Huws at y cyfrifiadur – roedd yn rhaid galw enwau pawb ar y gofrestr. Arhosodd Shahzaib am ei enw.

'Amy?' galwodd Mr Huws.

'Yma.' Dim ond sibrwd wnaeth Amy. Gwenodd Shahzaib arni'n garedig wrth aros am ei enw, ond roedd ei fol yn troi.

'Cai?'

'Yma.'

'Harper?'

'Yma.'

'Mali?'

'Yma.'

'Sara…' Edrychodd pawb ar Saraswati.

'Yma,' meddai.

Yna daeth tro Shahzaib.

'Sha… Shahz…' meddai Mr Huws. Suddodd calon Shahzaib. Rhoddai unrhyw beth am gael enw fel un Tom neu Cai. 'Shaha…' meddai'r athro wedyn, cyn ychwanegu, 'Mae dy enw di'n anodd i'w ddweud.'

Yna, cododd ei ben a chwilio am Shahzaib. Pwyntiodd Harper at Shahzaib a gwenodd Mr Huws.

'Aha – dyna ti. Ga i dy alw yn "Sam"?' meddai a gwenu eto.

Doedd Shahzaib ddim eisiau iddo edrych i'w gyfeiriad – doedd o ddim yn hoffi pawb yn edrych arno – felly nodiodd. Gallai fod yn Sam am heddiw, mae'n debyg. Ond nid dyna'r enw roddodd ei dad a'i fam arno. Roedd yn hoffi ei enw ei hun.

Cofiodd yn ôl at pan ddaeth i ddosbarth Ms Bowen i ddechrau. Roedd hi wedi baglu wrth ddweud ei enw y tro cyntaf hefyd, ond roedd wedi dod ato ac ymddiheuro.

'Mae'n ddrwg gen i am fethu dweud dy enw'n gywir y tro cyntaf. Fy mai i ydy hynny. Fedri di fy nysgu sut i'w ddweud yn gywir, os gweli di'n dda?'

A'r bore hwnnw, roedd Shahzaib wedi dysgu Ms Bowen i ddweud ei enw'n iawn.

'Mae dy enw di yn bwysig i mi,' meddai. 'Gan dy fod yn fachgen mor garedig a chlyfar, mae'r enw yn dy siwtio di i'r dim.'

Ond nid Ms Bowen oedd yno heddiw. Gwyliodd Shahzaib fysedd y cloc yn symud – roedden nhw mor araf. Dechreuodd ysgrifennu stori am ei archarwr, ond roedd popeth yn y stori yn mynd o'i le, a fedrai Shahzaib ddim cael y llun yn gywir chwaith. Roedd pen ei archarwr yn llawer rhy fawr. Rhwbiodd a rhwbiodd y llun nes i'r papur fynd yn dwll.

Daeth Mr Huws ato i siarad. Nodiodd wrth edrych ar y llun.

'Dwi'n hoffi hwnna. Ai anghenfil yw e?' gofynnodd.

Ysgydwodd Shahzaib ei ben a cheisiodd esbonio am ei archarwr. Gwenodd Mr Huws.

'Da iawn, Sam, dwi'n hoffi dy anghenfil di. Wyt ti am ysgrifennu stori amdano nawr?' Rhoddodd Shahzaib ochenaid. Diolch byth, meddyliodd, pan aeth Mr Huws ymlaen i drafod gwaith siapiau Tom.

Sam
Shazaib

Yna amser cinio, pan aeth Shahzaib gyda'i ffrindiau i nôl bwyd, roedd y ffreutur yn llawn oglau lobsgows seimllyd Anti Mair. Ych-a-fi!

Yn y prynhawn ceisiodd Shahzaib ddatrys rhai o'r problemau rhif, ond rywsut, roedd popeth roedd yn arfer ei gofio wedi diflannu o'i ben. Roedd fel petai popeth yn un cwlwm blêr.

O'r diwedd canodd y gloch olaf a brysiodd pawb i wisgo eu cotiau. Rhuthrodd Shahzaib am y giât. Roedd Dad a Kinza yno'n aros amdano, diolch byth.

* * *

Roedd heddiw wedi bod yn ddiwrnod ofnadwy, ond o leiaf roedd Kinza yn ei gwely erbyn hyn. Teimlai Shahzaib yn euog am fod yn gas wrth ei chwaer fach oherwydd iddi sgriblo dros ei archarwr porffor. Beth fyddai Ms Bowen yn ei ddweud? Doedd e ddim yn teimlo'n garedig na chlyfar heddiw.

'Mae Kinza yn fach, cofia,' ceisiodd Dad esbonio wrth edrych ar y llun o'r archarwr.

Edrychodd Shahzaib ar y papur; roedd Dad yn iawn, roedd yr archarwr yn dal i'w weld yn eglur – ei glogyn porffor yn chwifio yn yr awyr.

'Gad i mi weld y llun yn iawn.' Craffodd Dad ar y llun a chwerthin. Roedd sgriblau coch dros yr enw Sam, ac o dan lun yr archarwr roedd Kinza wedi ysgrifennu enw arall.

'Dydy hi ddim wedi ei sillafu'n hollol iawn, chwaith!' Chwarddodd Dad. 'Edrych, dy enw di sydd yno!'

Gwenodd Shahzaib.

'Dwi'n gwybod beth wnawn ni. Mi ddo i i'r ysgol fory, ac mi awn ni gyda'n gilydd i esbonio dy enw di'n iawn wrth yr athro newydd. Dwi'n hoffi'r enw "Sam",' meddai Dad, gan roi ei freichiau'n dynn am Shahzaib. 'Ond ti wyt ti! "Shahzaib" ydy dy enw cywir di, a does gan neb hawl i gymryd dy enw oddi arnat ti! Shahzaib wyt ti – yr archarwr, ein harcharwr ni!'

## Shahzaib yr Archarwr

### Ffeithiau allweddol

- Mae 'Shahzaib' yn enw cyffredin yn ne Asia, yn enwedig ymhlith Mwslimiaid yn ardaloedd Pakistan, India ac Afghanistan. Mae'n tarddu o Berseg ac Wrdw, ac yn golygu 'coron brenin'. Mae'n cael ei ynganu fel hyn: 'SHA-seib'.
- Mae ynganu enwau'n gywir wedi dod yn bwnc pwysig yn ddiweddar, yn enwedig gan fod mwy o bobl yn mudo ac yn fwy ymwybodol o ddiwylliannau gwahanol.
- Mae'r ffordd y mae enwau yn cael eu hynganu a'u sillafu yn gallu bod yn wahanol i'r hyn rydych chi'n gyfarwydd ag e, neu'r hyn sy'n gwneud synnwyr i chi. Cofiwch ofyn am help os byddwch chi'n ansicr sut i ynganu enw rhywun.

### Cwestiynau

- Mae'r stori'n dilyn Shahzaib, sydd eisiau creu archarwr, ond pam mae'n teimlo mai 'Sam' fyddai'r enw gorau i'w archarwr?
- Beth yw'r gwahaniaeth mwyaf rhwng sut y mae Ms Bowen a Mr Huws yn siarad â'r plant?

- Sut mae Shahzaib yn teimlo wrth glywed Mr Huws yn ynganu ei enw'n anghywir ac yna'n ei ailenwi'n 'Sam', oherwydd ei fod yn haws iddo ei ddweud?
- A yw ynganu enw rhywun yn anghywir yn amharchus?
- A oes rhywun wedi camynganu eich enw chi neu rywbeth sy'n bwysig i chi? Sut deimlad oedd hynny?

# Troedio Trywydd Newydd

## Gan Richard Parks

Mae'r byd yn perthyn i ni i gyd.

Dyma stori am rywbeth sydd heb gael ei wneud o'r blaen. Mae'n stori amdanat ti ac am y ffordd mae gan bawb bŵer arbennig; y sialens yw i fod yn ddigon dewr i ddod o hyd iddo.

Wrth eistedd yn fy sedd ar yr awyren, y gwlybaniaeth o fy anadl yn rhewi ar y gwydr, rydw i'n pwyso draw i gyfeiriad y ffenest mewn rhyfeddod, gan syllu ar y mynyddoedd oddi tanaf. Mae'n edrych fel petawn i'n medru ymestyn fy llaw a chyffwrdd y copaon wrth i'r awyren nesáu at y ddaear a pharatoi i lanio. Mae'r mynyddoedd yn taflu eu cysgodion dros y tirlun llwm.

Rydw i'n hedfan dros Fynyddoedd Ellsworth yn Hemisffer Gorllewinol Antarctica, yn teithio i bwynt cychwynnol fy nhaith ar arfordir Antarctica, bae bychan o'r enw Canghenfor Hercules. Mae'r bae dan gannoedd o fetrau o rew. DHC-6 *Twin Otter* yw'r awyren, model sy'n adnabyddus am allu mynd i unrhyw le mewn unrhyw amgylchedd. Mae'n goch, fel ei bod yn hawdd i'w gweld ar yr eira gwyn petai'n cael damwain neu'n mynd i drafferthion. Dydy hi ddim fel yr awyrennau sy'n mynd â ni ar ein gwyliau. Dim ond chwe sedd sydd arni, ac yn lle olwynion, mae ganddi draed sgio er mwyn i beilotiaid allu glanio ar eira. Mae ganddi injan ar bob adain a phropelor swnllyd. Mae'n oer y tu mewn i'r caban. Rydw i'n gwisgo siaced fawr, menig, het, sbectol haul a bwtsias sgio. Does dim gwres!

Wedi cylchu'r ardal ambell waith er mwyn asesu'r iâ garw oddi tani, mae'r awyren yn glanio'n herciog ac rydw i'n agor y drws. Mae'r awyr yn las llachar gyda llond llaw o gymylau ysgafn. Mae hyd yn oed y cymylau'n edrych yn hollol wahanol i unrhyw beth welais i gartref; maen nhw'n teimlo'n agosach. Mae'n brydferth ac yn dawel yma. Ond yna mae'r oerfel yn fy nharo i. Mae'r awyr oer yn llosgi fy nghorn gwddf wrth i mi gymryd anadl ddofn. Cefais fy ngeni ym Mhontypridd a dydy Cymru ddim yn adnabyddus am ei thywydd trofannol! Roeddwn i'n meddwl fy mod i wedi teimlo oerfel o'r blaen, ond mae hwn yn wahanol i unrhyw deimlad rydw i wedi ei gael o'r blaen.

Rydw i'n dringo o'r awyren ac mae'r peilotiaid yn rhoi help llaw i mi gyda fy sled a'm pethau. Mae'r gwynt mor oer, mae fy mhen yn rhewi a galla i deimlo fy llygaid yn dyfrio y tu ôl i'm gogls. Mae'r rhannau o fy wyneb sydd heb eu gorchuddio yn teimlo fel petaen nhw'n llosgi, er mai'r oerfel sydd ar fai. Mae fy nghalon yn rasio, yn rhannol fel ymateb corfforol er mwyn pwmpio gwaed cynnes o amgylch fy nghorff i fy rhwystro rhag rhewi'n gorn, ond hefyd yn rhannol am fod arna i ofn. Rhaid peidio â gadael i'r peilotiaid wybod, meddyliais.

Rydw i wedi bod yn gweithio tuag at y foment hon am dros dair blynedd, yn cynllunio pob rhan o'm cyfarpar i'r sled yn ofalus, yn astudio mapiau a darluniau lloeren, ac yn hyfforddi i fod mewn cyflwr corfforol penigamp. Mewn rhai ffyrdd mae'n teimlo fel petawn i wedi bod yn gweithio tuag at y foment hon ar hyd fy oes (ond mwy o hynny wedyn!) ac eto, mae fy meddwl yn dweud wrthyf i nad ydw i'n barod o gwbl. Nid y syniad (cwbl resymol) nad yw bodau dynol i fod yma, ond rhywbeth dyfnach a mwy personol.

Mae fy mwriad yn syml. I sgio o arfordir Antarctica i Begwn y De ar fy mhen fy hun, heb help neb. Heb bobl na chefnogaeth na dim. Dim ond pymtheg o bobl oedd wedi llwyddo hyd yn hyn – er y bydd mwy yn gwneud ar fy ôl i. Doedd neb arall o Gymru wedi gwneud hyn o'r blaen. Doedd neb arall o liw wedi gwneud hyn o'r blaen.

Mae 1,200 cilometr o unigedd yn aros amdana i, a bron i 3,000 metr o gynyddu uchder, dair gwaith maint Yr Wyddfa. Am dros fis bydda i'n tynnu sled 62 cilogram i gario fy offer goroesi, bwyd, tanwydd i'r

stôf a phabell. Mae'n rhaid i mi fod yn hunangynhaliol ac yn gyfrifol am bopeth rydw i ei angen ar gyfer fy nhaith. Mae'r peilotiaid yn ysgwyd fy llaw ac yn dymuno pob lwc i mi. Mae'r injans yn tanio a'r awyren yn codi i'r awyr, gan hedfan ambell gylchdro cyn diflannu i Fynyddoedd Ellsworth. Mae'n cymryd pob owns o hunanreolaeth i mi rwystro fy hun rhag bloeddio, 'Peidiwch â mynd! Dwi wedi newid fy meddwl!' Yn y foment honno, dydw i erioed wedi teimlo mor unig.

Mae bod ar dy ben dy hun a bod yn unig yn ddau beth gwahanol. Mae'n bosib i ni fod yng nghanol pobl ac eto'n dal i deimlo'n unig. Mae hynny'n fater o gysylltiad emosiynol. Roeddwn i ar fy mhen fy hun, yn gorfforol bellach nag erioed o'r holl bethau oedd wastad wedi golygu rhywbeth i mi. Ond doeddwn i ddim yn unig. Roeddwn i mewn cysylltiad â rhywbeth mwy.

Yn ystod ein bywydau, byddwn ni'n canfod ein hunain mewn eiliadau mawrion. Weithiau, maen nhw'n digwydd i ni yn annisgwyl, weithiau maen nhw'n bethau rydyn ni wedi gweithio'n ddiflino tuag atyn nhw, weithiau maen nhw'n gweithio'n dda, ac weithiau rydyn ni'n tyfu am ein bod ni wedi bod drwy amseroedd anodd. Mae gan yr eiliadau yma'r gallu i'n newid ni am byth. Rydw i wedi cael ambell eiliad fawr – hon rydw i'n ei rhannu gyda chi, wynebu bwli yn yr ysgol, dewis fy ngradd yn y brifysgol, rhedeg ar y cae yn Stadiwm y Principality i chwarae rygbi dros Gymru a genedigaeth fy mab.

Rydw i wedi cael eiliadau anodd hefyd: yr anaf a orffennodd fy ngyrfa fel chwaraewr rygbi, cwymp a fu bron â fy lladd i ar fynydd Denali yn Alaska, cyfnod o iselder yn ystod argyfwng Covid, a cholli fy nhad. Yn yr eiliadau hyn, rydyn ni wedi'n cysylltu â phopeth sydd wedi bod o'r blaen, ein profiad ni a'r holl bethau rydyn ni'n eu gwybod, ac rydyn ni hefyd wedi'n cysylltu drwy amser â'r bobl fyddwn ni'n datblygu i fod un diwrnod. Mae ffawd, am eiliad fer, yn gorffwys yn ein dwylo ni. Pan ddaw'r eiliad, a fyddwn ni'n ddigon dewr i'w chipio?

Waeth beth yw'n profiadau ni, mae'r wybodaeth rydyn ni'n ei chasglu ar y ffordd yn gallu rhoi'r pŵer i ni symud mynyddoedd. Y teimlad o beidio perthyn y soniais i amdano yn gynharach yw canlyniad pobl fel fi yn peidio gwneud pethau fel hyn. Pobl o liw. Pobl o Gymru. Wel, gallwn i faddau i chi am feddwl hynny. Ond mae'r byd yn perthyn i ni i gyd. Mae pawb â'r gallu i wneud pethau anhygoel. Yn ein ffyrdd bach ein hunain, rydyn ni i gyd yn anturiaethwyr wrth i ni droedio'n llwybr unigryw drwy fywyd i ganfod ein cryfderau ni. Pŵer yw gwybodaeth, a hyd yn oed pan fydd hi'n edrych fel petai'n llwybr ni'n un newydd sbon, mae'n debyg fod 'na rywun mewn hanes wedi cael profiad tebyg o'r blaen. Rhaid i ni ddod o hyd i'w straeon, ac ychwanegu at eu hanes drwy ein profiadau ein hunain.

Ym mis Gorffennaf 1908, aeth dyn o'r enw Matthew Henson ar fwrdd llong USS *Roosevelt* yn Efrog Newydd ar daith i'r Arctig yn y gogledd. Ar y pryd, Henson oedd un o'r anturiaethwyr pegynol gorau. Gyda'i bartner, Capten Robert Peary, treuliodd dros ddau ddegawd yn mentro i dir oedd heb ei fapio yng ngogledd yr Arctig. Rydw i'n siŵr fod Henson wedi teimlo'r un nerfusrwydd ac amheuon ag yr oeddwn i wedi eu teimlo ar yr iâ yn Antarctica, mwy efallai! Er ein bod ni'n wahanol bobl mewn amseroedd a llefydd gwahanol, roedd y ddau ohonon ni'n edrych oddi mewn i'n hunain wrth i ni ystyried y teithiau o'n blaenau. Mae pawb yn adnabod y nerfau hynny. Efallai wrth ddechrau ysgol newydd, neu mewn arholiadau, a phryd bynnag rydyn ni'n camu allan o'n bywydau cyfforddus i wynebu rhywbeth newydd.

Mae dechrau'r ugeinfed ganrif yn cael ei hadnabod fel oes arwrol anturio'r pegynau. Roedd y byd ar ras i geisio darganfod Pegynau'r De a'r Gogledd. Roedd Prydain benben â Norwy i ddarganfod Pegwn y De yn Antarctica. Efallai i chi glywed am Capten Robert Falcon Scott. Hwyliodd yr SS *Terra Nova* o ddociau Caerdydd, oedd ar y pryd yn brysurach na dociau Efrog Newydd. Roedd Tre-biwt, Caerdydd, yn fetropolis prysur aml-hil. Y Cymro, Edward Evans, oedd yn gyfrifol am hel arian gan ddiwydiannau a chyfryngau Cymru i dalu am y daith. Roedd Cymro arall ar fwrdd y llong hefyd, y Swyddog 'Taff' Edgar Evans, a fyddai'n cael ei ddewis fel rhan o'r tîm i deithio i'r pegwn. Daeth Edgar Evans yn rhan o dîm agosaf Scott, ond yn drist iawn, bu farw wrth ddychwelyd o'r daith gyda gweddill tîm Pegwn y De: Wilson, Oates, Bowers a Scott.

Dyma rai o'r enwau sydd wedi dod ynghlwm â'r hyn mae cymdeithas yn meddwl yw anturiaethwr. Petaech chi'n gofyn sut mae anturiaethwr yn edrych, byddech yn cael llawer o ddisgrifiadau o Scott a'i dîm.

Roedd America yn rhan fawr o'r ras i ddarganfod Pegwn y Gogledd. Dau Americanwr, Cook a Peary, honnodd eu bod nhw wedi cyrraedd Pegwn y Gogledd yn gyntaf. Roedd y byd yn cytuno mai taith Peary oedd y gyntaf i fod yn llwyddiannus, a chafodd enw Robert Peary ei nodi mewn hanes. Ond dydy stori Matthew Henson, partner Peary a'i gydanturiaethwr am dros ddeunaw mlynedd, a chymeriad allweddol yn ei daith i Begwn y Gogledd, ddim wedi cael ei chynnwys yn y llyfrau hanes.

Cafodd Pegwn y Gogledd ei ddarganfod gan Robert Peary a Matthew Henson yn Ebrill 1909. Roedd Matthew Henson yn Ddu. Do, cafodd Pegwn y Gogledd ei ddarganfod gan anturiaethwr Du. Mewn cyfnod pan oedd llawer o bobl o liw yn America yn byw bywydau o gaethwasiaeth, roedd Henson yn un o anturiaethwyr gorau'r byd.

Arhoswch eiliad, efallai 'mod i'n haeddu fy lle ar yr iâ pegynol. Roeddwn i ar fin dilyn llwybrau Henson. Ond sut dyfodd Henson i fod yn anturiaethwr cystal? Fel popeth mewn bywyd, mae ei stori wedi ei hadeiladu ar sail gwaith caled, dyfalbarhad ac angerdd.

Dim ond deuddeg oed oedd Matthew Henson pan gafodd ei swydd gyntaf fel gwas caban ar fwrdd llong. Daeth yn forwr talentog, a dysgodd fathemateg, hanes a daearyddiaeth wrth iddo deithio i Asia a gogledd Affrica. Pan oedd Henson yn ddyn ifanc daeth i adnabod Robert Peary, oedd yn swyddog yn Llynges yr UD, ac roedd y ddau yn rhannu diddordeb mewn anturio a theithio. Taith nesaf Peary oedd un i'r jyngl yn Nicaragua, a chynigiodd swydd i Henson fel ei gynorthwyydd personol. Roedd Henson wastad yn frwd eisiau dysgu pethau newydd a dros y blynyddoedd daeth Peary i ddibynnu ar ei sgiliau fel mecanydd a saer.

Dros y ddau ddegawd nesaf, canolbwyntiodd Henson a Peary ar Grønland a'r Arctig. Yn wahanol i lawer o anturiaethwyr y cyfnod, oedd yn tueddu i amharchu pobl frodorol, roedd Henson yn barchus ac yn chwilfrydig i ddeall yr hyn oedd yn gyffredin rhwng pobl, yn ogystal â'u gwahaniaethau. Dysgodd iaith yr Inuit a sgiliau goroesi brodorion Grønland. Roedd y bobl Inuit yn ei alw'n Mahri-Pahluk, sy'n golygu 'Matthew, yr un caredig'. Roedd ei gariad tuag at y bobl Inuit, a'r pethau a ddysgodd ganddyn nhw, yn rhan fawr ohono a byddai'r pethau hynny'n allweddol bwysig i Peary a Henson wrth ddarganfod y pegwn.

Roedd y profiadau a gawson nhw yn bwysig iawn wrth i Henson, Peary a'u tîm ddechrau ar long o Efrog Newydd i'r Arctig yng Ngorffennaf 1908. Pan gyrhaeddon nhw'r iâ, roedd Henson, Peary a'r criw yn brwydro yn erbyn tymheredd rhewllyd, gwynt iasol a rhew peryglus bob dydd. Cwympodd sawl un o'r tîm drwy'r iâ rhewllyd i'r môr.

Yn Ebrill 1909 darganfyddodd Henson a Peary Begwn y Gogledd. Roedd y gwahaniaethau rhwng aelodau'r tîm, yn enwedig parch a chariad Henson tuag at ddiwylliant Inuit a thechnoleg, yn allweddol i'w llwyddiant.

Wedi dychwelyd i America, dathlodd y byd gamp Peary, heb fawr o sôn am Henson a'r tîm Inuit. Byddai'n rhaid i Henson aros nes ei fod dros 70 oed cyn derbyn y clod oedd yn ddyledus iddo. Mae Matthew Henson bellach yn aelod anrhydeddus o'r Explorers Club yn Efrog Newydd, ac mae wedi derbyn medal Llynges yr UD. Mae e wedi ei gladdu ger arwyr Americanaidd eraill ym Mynwent Genedlaethol Arlington. Mae dyfyniad o'i hunangofiant wedi ei gerfio ar ei fedd:

*Mae swyn yr Arctig yn tynnu ar fy nghalon. Mae'r llwybr yn galw arna i! Yr hen lwybr – y llwybr sydd wastad yn newydd.*

* * *

Weithiau dydy hanes ddim yn adrodd y stori gyflawn. Yn aml, mae'r hyn rydyn ni'n ei weld, ei glywed a'i ddarllen yn adlewyrchu'r bobl a greodd hanes, ac wrth gwrs, dydy hynny ddim yn adlewyrchiad o bawb. Rydw i'n credu y dylai pawb wybod am Matthew Henson. Dylai ei enw fod mor enwog â'r anturiaethwyr pegynol, fel Peary, Scott, Shackleton ac Amundsen.

Mae bod yn Gymry yn ein cysylltu â'r gallu i gyflawni pethau sydd y tu hwnt i'n dychymyg. Mae ein stori Gymreig yn adrodd dro ar ôl tro ein pŵer i greu ffyrdd ymlaen lle nad oes rhai yn barod, ac i

greu yn ddewr beth sydd heb ei greu o'r blaen. Rydyn ni'n arloeswyr.

Yn y foment honno, yn ôl ar yr iâ ar fy mhen fy hun, teimlais stori Henson yn fy nghysylltu â'r posibiliad o'r hyn y gallwn i ei gyflawni. Roeddwn i i fod yno. Er fy mod i'n nerfus, des i o hyd i'r dewrder i wireddu fy mreuddwyd am fy mod i'n gwybod fy hanes, ac yn gwybod ein bod ni i gyd yn cerddded yn ôl traed cewri. Campau cawraidd a gafodd eu cyflawni gan bobl gyffredin sy'n ein harwain drwy amser gyda'u straeon.

Gyda fy mhen yn uchel a fy mrest bron â ffrwydro â balchder, plannais fy mholion yn yr iâ, pwyso i mewn i'r gwynt catabatig milain a chymryd fy ngham cyntaf. Pan gyrhaeddais Begwn y De, llefais i mewn i fy maner Cymru. Roedden nhw'n ddagrau o werthfawrogiad am bopeth oedd wedi bod cyn fi, am fy nheulu, am y cyfle ac am bawb a fydd yn fy nilyn.

Ers hynny, rydw i wedi sgio mwy o gilometrau ar fy mhen fy hun heb gefnogaeth yn Antarctica nag unrhyw un arall: 4,400 cilometr. Fi yw'r person cyntaf o liw i sgio ar fy mhen fy hun i Begwn y De. Fi yw'r person cyntaf i ddringo'r mynydd uchaf ar bob cyfandir a sefyll ar Begynau'r De a'r Gogledd yn yr un flwyddyn galendr. Fi sydd â chap Undeb Rygbi Cymru rhif 1,001. Rydw i'n dad. Rydw i'n caru denim a chacennau ac mae arna i ofn corynnod. Fy enw i yw Richard Parks. Rydw i'n Gymro ac rydw i'n Ddu.

## Troedio Trywydd Newydd

**Ffeithiau allweddol**

- Mae Richard Parks yn gyn-chwaraewr rygbi rhyngwladol dros Gymru, ond pan ddaeth ei yrfa i ben oherwydd anaf, ar ôl cyfnod anodd, aeth ymlaen i fod yn anturiaethwr. Mae'n dal sawl record byd, gan gynnwys y person cyntaf o liw i sgio ar ei ben ei hun i Begwn y De.
- Matthew Henson (1866–1955) a Robert Peary (1856–1920) oedd y ddau gyntaf i gyrraedd Pegwn y Gogledd yn 1909.
- Roedd Matthew Henson wedi gweithio fel bachgen caban ar long fasnach pan oedd yn 12 oed; roedd yn berson uchelgeisiol yn gynnar yn ei oes.
- Roedd yr hyn gyflawnodd Matthew Henson yn hynod bwysig, yn enwedig ac yntau'n ddyn Du mewn cyfnod o wahaniaethu hiliol.
- Roedd darganfod y pegwn yn herio'r rhwystrau hiliol oedd yn bod yn y cyfnod, gan ddangos cyfraniadau hollbwysig Americanwyr Affricanaidd i wyddoniaeth a daearyddiaeth. Mae hanes Henson wedi ysbrydoli sawl cenhedlaeth ac wedi arwain at ragor o wyddonwyr Du yn gwneud cyfraniadau mawr mewn nifer o feysydd.

- Roedd arbenigedd a gwytnwch Henson yn hanfodol i lwyddiant y daith gyda Peary.
- Mae cydnabod cyfraniad Henson yn dangos pa mor bwysig yw gwrando ar hanesion amrywiol pawb.
- Dyfarnwyd Medal Hubbard gan y National Geographic Society i Matthew Henson yn y flwyddyn 2000.

**Cwestiynau**

- Sut fyddwch chi'n teimlo pan fyddwch chi'n mynd ar daith? Ydych chi wedi bod ar unrhyw deithiau arbennig o gofiadwy?
- Sut ydych chi'n meddwl oedd Matthew Henson yn teimlo yn 1909, pan na chafodd ei gamp o gyrraedd Pegwn y Gogledd yr un sylw â champ Robert Peary? Tybed sut oedd Henson yn teimlo yn ddiweddarach yn ei fywyd, pan gafodd ei gydnabod fel anturiaethwr mawr, o'r diwedd?
- Pa mor bwysig yw'r frawddeg agoriadol – 'Mae'r byd yn perthyn i ni i gyd'?
- Pam ei bod hi'n bwysig fod pawb yn cael cyfle cyfartal i lwyddo?

# Cárnifal Tre-biwt

## Stori o ganol yr 1960au

### Gan Chantelle Moore

Mae pedwar bòb affro perffaith yn symud trwy gyffro torf y cárnifal yn Stryd Biwt. Wesley sy'n arwain, yn benderfynol o gyrraedd y ganolfan gymunedol cyn hanner dydd. Mae'n troi i'r chwith, yna'n llamu i'r dde, yn edrych am unrhyw fwlch a fyddai'n gadael lle iddyn nhw fynd heibio. Mae siwrnai sydd fel arfer yn cymryd deng munud eisoes wedi cymryd ugain.

Mae llais cryf, dwfn a phersain yn canu un o ganeuon enwocaf Bob Marley yn arnofio ar wynt mwyn yr haf, yn hedfan drwy aer y cárnifal. Mae Wesley'n gweld ffynhonnell y sŵn. Mae dyn tân o Orllewin India yn sefyll ychydig fetrau oddi wrthyn nhw, yn gwisgo top mesh Jamaicaidd a sbectol dywyll, a dredlocs wedi eu lliwio'n felyn yn goron ar ei ben. Mae'n taro ochrau'r drwm snêr cartref gyda rhythmau reggae a churiadau calypso, ac mae'r dorf yn gwahanu i sefyll bob ochr iddo.

Pwyntia Wesley at eu tywysydd newydd. 'Dewch, bois. Ffordd hyn.'

Mae'r bechgyn yn dilyn y dredlocs euraid ac yn nadreddu drwy'r dorf yn gyflym. Mae arogl pysgod sbeislyd yn crasu ar farbeciws, sydd wedi'u gwneud mewn bareli olew, yn codi i'r awyr. Mae stondinau bwyd cartref wedi ymddangos yn rhes ar ochr y stryd.

'*Get your rice and peas!*' gwaedda un gwerthwr.

'*C'mon, taste the carnival sound. Curried goat, only two pounds!*' mae un arall yn llafarganu.

'*Salt-fish fritters, five for a pound!*'

Mae lleisiau'n plethu ac yn sathru ar ei gilydd, yn cystadlu am sylw'r cwsmeriaid llwglyd.

'Cadwch chydig o'r pysgod halen i fi, plis! Bydda i'n ôl ar ôl yr orymdaith!' gwaedda Wesley i gyfeiriad wyneb cyfarwydd wrth iddo frysio heibio. Ond yna mae'n stopio'n sydyn ac mae'r lleill yn taro i mewn iddo ac yn cwympo fel dominos.

''Drychwch pwy sy 'na, bois,' meddai.

Mae Frankie, Leon a Luke ar flaenau eu traed, eu gyddfau yn symud i bob cyfeiriad wrth iddyn nhw graffu ar y dorf.

'Beth maen **nhw** yn ei neud 'ma?' gofynna Luke, gan sylwi ar grŵp o fechgyn gwyn gyda gwallt wedi ei dorri'n syth fel rasal.

'Pwy?' meddai Leon, yn dal i edrych o'i gwmpas mewn dryswch.

'Y bois 'na o ochr draw'r dre,' meddai Wesley. Nhw yw'r rhai gododd drafferth gyda Frankie yng Ngorymdaith y Maer y llynedd.

Doedd Frankie yn dal ddim yn eu gweld nhw.

Frankie yw'r lleiaf a'r ieuengaf o'r bechgyn. Gyda'i gorff eiddil a thenau, mae'n darged amlwg i fechgyn ar draws y ddinas. Mae hyd yn oed yr hen fenywod Kittitaidd musgrell, sydd wedi'u plygu dros eu ffyn cerdded wrth ganu cytganau ar y ffordd i'r eglwys, yn ceisio ei besgi bob wythnos.

'Ti'n rhy dene, Frank-kie. Ti moyn cwpl o doesenni?' gwaedda Sister Wallace.

'Dere i fwyta, grwt!' bloeddia Sister Broodie. Mae Frankie wastad yn bwyta cymaint ag y mae'n gallu, ond dydy e byth yn magu pwysau.

'Draw fan 'co, deg o'r gloch,' gwaedda Wesley, gan bwyntio dros y pennau yn y dorf.

O'r diwedd, mae Frankie yn eu gweld nhw. Mae ei lygaid yn agor yn fawr ac mae'n ysgwyd ei ben yn araf.

'Dwi ddim moyn trwbwl 'leni, bois. Cofiwch beth ma' Dominic yn ei ddweud – rhaid i ni godi uwchlaw hyn,' meddai'n dawel, ag ychydig o nerfusrwydd yn ei lais.

Mae'r pedwar yn sefyll yn stond i wylio'r bechgyn o ben pella'r ddinas drwy'r dorf brysur. Y llynedd, roedd yr holl fechgyn o Glwb Ieuenctid Tre-biwt – o'r rhai ifanc iawn i'r rhai oedd yn ddynion bron-â-bod – yn llawn cyffro am ddangos eu fflôt Gorllewin India amryliw a bendigedig, y gwisgoedd lliwgar a'r tiwns drymiau dur. Ond chawson nhw mo'r cyfle.

Gwaeddodd pobl eiriau treisgar, hiliol a chawson nhw'u gwahardd, er nad y nhw oedd ar fai.

'Dal i fynd, Wes. Dal i fynd. Rhaid i ni gyrraedd y fflôt,' meddai Frankie ar ôl cael cip ar ei watsh.

Mae'r bechgyn, er mwyn trio cyrraedd mewn pryd ac i osgoi trafferth, yn canfod eu hunain mewn llecyn tawelach, rhwng y torfeydd poblog sy'n aros am orymdaith y cárnifal. Maen nhw'n dal i gerdded yn gyflym, bron iawn yn rhedeg.

'Ry'n ni'n agosáu,' gwaedda Wesley ar Luke.

'Beth?' gofynna Luke.

'Ry'n ni bron 'na.' Mae Wesley'n pwyntio i

gyfeiriad y ganolfan gymunedol. Mae dirgryniadau'r gwahanol systemau sain yn cryfhau a churiad y bas yn donnau drwy eu cyrff. Maen nhw'n agos.

'Amser?' gofynna Wesley.

'Deg munud i,' ateba Luke.

Mae môr o liw yn eu cyfarch. Porffor, aur, gwyrdd, glas a gwyrddlas – mae pawb yn paratoi ar gyfer yr orymdaith fawr. Mae'r pypedau enfawr a grëwyd yn llenwi'r awyr – teigrod, fflamingos, dreigiau a physgod yn cystadlu am y lleoliad mwyaf canolog. Mae plant ifanc yn syllu i fyny mewn rhyfeddod, pob un yn eu gwisgoedd theatrig gwych a manwl, ac yn gwisgo mygydau secwins. Mae'r bobl ifanc yn ysgwyd eu maracas ac yn chwythu chwibanau mor swnllyd â phosib, yn dawnsio i rhythmau gwahanol guriadau'r systemau sain.

'Sut y'n ni'n mynd i'w ffeindio fe fan hyn?' meddai Frankie, bron yn barod i ildio. Roedden nhw'n chwilio am Dominic, y gweithiwr ieuenctid o Ganolfan Gymunedol Tre-biwt. Fe oedd yr un a amddiffynnodd y bechgyn ar ôl y drafferth yng Ngorymdaith y Maer. Fe oedd yr un a siaradodd drostyn nhw pan doedd neb yn gwrando. Fe oedd yr un a dynnodd sylw at y ffaith fod y bechgyn o ochr draw'r ddinas yn hiliol, ond wnaeth neb wrando. Doedd y bechgyn ddim am ei siomi.

'Rhaid i ni edrych am wyrdd a gwyn,' gwaedda Wesley yng nghlust Frankie.

'Gwyrdd? Dyw hynna ddim yn mynd i'n helpu ni,' ochneidia Frankie, ei wyneb yn llawn pryder. 'Ma' bob yn ail berson yn gwisgo rhyw fath o wyrdd!'

Gwyrdd oedd y lliw gafodd ei ddewis ar gyfer gorymdaith eleni. Dominic awgrymodd hynny fel symbol o heddwch, am fod llawer o'r bechgyn yn teimlo'n chwerw ar ôl cael eu gwahardd o Orymdaith y Maer, er nad oedden nhw wedi gwneud dim o'i le.

'Frankie, dringa ar fy ysgwyddau i weld a elli di ei weld e,' meddai Wesley.

''Na fe!' meddai Frankie, yn hofran uwchben y dorf ac yn pwyntio yn ei flaen. Mae Frankie'n ceisio chwifio'i freichiau er mwyn denu sylw Dominic, a bron iawn â chwympo oddi ar ysgwyddau Wesley wrth wneud hynny.

Mae Frankie'n gwenu. 'Ma' Dominic wrth y fflôt 'da gweddill y grŵp,' meddai. 'Ma' popeth yn edrych yn ei le'n barod.'

'Beth gymerodd mor hir i chi, bois?' hola Dominic. 'Mae'r orymdaith ar fin dechrau.'

Mae'r bois yn newid yn gyflym i'w gwisgoedd gwyrdd a gwyn ac yn siapio'r affros yn ofalus cyn neidio ar y fflôt. Yn teimlo wedi ymlacio ac yn ysbryd y cárnifal, mae Wesley'n rhedeg at y drymiau, Leon yn codi ei gitâr, Frankie'n rhoi ei allweddellau ymlaen a Luke yn dechrau tiwnio'i fas. Maen nhw'n galw eu hunain yn Roots ac yn cael eu hadnabod yn lleol fel y band reggae ifanc gorau yng Nghaerdydd.

Cawson nhw eu dewis yn arbennig i chwarae ar fflôt y ganolfan gymunedol.

Ond maen nhw'n sylwi bod dau set o offerynnau wedi eu gosod.

'Dominic!' galwa Wesley. 'Pwy sy'n berchen y rhain?'

'Arhoswch funud,' meddai Dominic wrth i'r orymdaith ddechrau symud. ''Dyn ni'n dal i aros i'n ffrindiau ymuno â ni. Dwi'n meddwl eu bod nhw wedi eu dal yng nghanol y dorf hefyd. Dydyn nhw ddim mor gyfarwydd â 'ny â Thre-biwt.'

A dyna pryd mae Frankie'n eu gweld nhw, yn rhedeg drwy'r dorf yn gyflym gan daro i mewn i bobl ar y ffordd. Y bechgyn o ochr arall y ddinas – yn dod yn syth i'w cyfeiriad nhw.

'Maen nhw'n dod. Maen nhw wedi dod o hyd i ni, Wes!' meddai.

Roedd bechgyn hŷn y clwb ieuenctid – gan gynnwys Wesley a Leon – wedi ymateb y tro diwethaf drwy daflu dyrnau. A nawr, meddyliodd Frankie, roedden nhw eisiau talu'r pwyth yn ôl.

Maen nhw'n paratoi am sgarmes arall. Mae llygaid Wesley'n cloi ar lygaid arweinydd y bechgyn eraill. Maen nhw'n symud yn syth i gyfeiriad Dominic.

Gan feddwl eu bod nhw'n meddwl ymosod ar Dominic, mae Wesley'n gollwng ei ffyn drymio ac yn neidio oddi ar y fflôt i'w amddiffyn. Mae'r gerddoriaeth yn stopio a heb feddwl ddwywaith, mae gweddill y band yn ei ddilyn.

'Beth y'ch chi'n neud?' hola Dominic mewn syndod.

'Mae'r bois o Orymdaith y Maer yma – maen nhw'n chwilio am ffeit,' meddai Luke.

'Fydd dim traffer–' meddai Dominic.

'*EWCH GARTRE*. Oni bai'ch bod chi isie gweld y llawr unwaith eto,' mae Wesley'n torri ar ei draws.

Mae'r band cyfan yn sefyll o flaen Dominic yn barod am frwydr, yn wynebu'r bechgyn o ochr draw'r ddinas, a phob un ohonyn nhw'n symud i rhythm yr orymdaith.

'Sorri'n bod ni'n hwyr,' meddai un bachgen yn nerfus, ei lygaid yn dynn ar Wesley.

'Aethon ni ar goll,' meddai un arall. 'Fe geision ni ddilyn Roots, ond roedden nhw'n rhy gyflym.'

Mae Luke, Frankie, Leon a Wesley'n edrych ar ei gilydd mewn penbleth.

'Peidiwch â becso, bois,' meddai Dominic wrth yr hwyrddyfodiaid. 'Dim ond newydd gyrraedd mae'r rhain hefyd. Dwi'n falch eich bod chi yma.' Ac mae'n cynnig hanner coflaid i bob un, gan daro'u hysgwyddau'n gyfeillgar.

Roedd Wesley, Leon, Frankie a Luke wedi gwybod ers tro fod Dominic wedi bod yn cwrdd ag arweinwyr grŵp arall ac wedi gobeithio y bydden nhw'n ymuno â'r band i chwarae ar ryw bwynt. Ond doedden nhw ddim yn disgwyl mai'r cnafon hyn fydden nhw, yma, heddiw. Ac roedd e'n rhoi croeso iddyn nhw!

'Dwi am i chi fynd lan yna a chreu cerddoriaeth gyda'ch gilydd,' meddai Dominic. Roedd e'n gwybod fod 'na lawer o waith i'w wneud cyn i'r bechgyn yma gyd-dynnu, ond roedd e'n siŵr y byddai chwarae cerddoriaeth gyda'i gilydd yn ddechrau da.

'Ond ry'n ni wedi bod yn ymarfer!' mae Leon yn protestio.

'Ma'r bois yma wedi bod yn ymarfer hefyd,' rhesyma Dominic.

Ar ôl saib byr, mae Wesley'n newid ei agwedd.

'Dewch mla'n, te,' mae'n gweiddi wrth y gang newydd dros dwrw'r dorf. 'Gadewch i ni weld beth y'ch chi'n gallu'i neud!'

Ar hynny, mae'r ddau grŵp yn neidio ar y fflôt ac yn cydchwarae'r gerddoriaeth sydd yn eu calonnau.

# Cárnifal Tre-biwt

**Ffeithiau allweddol**

- Cafodd Cárnifal Tre-biwt ei sefydlu yng Nghaerdydd er mwyn dathlu hanes unigryw un o gymunedau amlddiwylliannol hynaf Prydain.
- Cafodd y gymuned ei hysgogi i sefydlu cárnifal oherwydd i Glwb Ieuenctid Tre-biwt gael eu gwahardd rhag cymryd rhan yng Ngorymdaith y Maer yn yr 1960au.
- Roedd arweinwyr y clwb ieuenctid eisiau i blant Tre-biwt allu dathlu eu treftadaeth gyda balchder, drwy arddangos eu traddodiadau gyda cherddoriaeth, bwyd a gwisg.
- Cafodd cárnifal cyntaf Tre-biwt ei gynnal yn 1967.
- Drwy orymdeithiau, gweithdai, a pherfformiadau, mae'r cárnifal yn arddangos ysbryd cymunedol Tre-biwt.
- Ers tro, mae ardal Tre-biwt yn ganolfan amlddiwylliannol lle mae pobl o wahanol gefndiroedd yn byw gyda'i gilydd yn heddychlon.

- Dros y 50 mlynedd ers ei sefydlu, mae'r cárnifal wedi denu degau o filoedd o ymwelwyr i Gaerdydd ac yn un o garnifalau Affro-Caribïaidd mwyaf poblogaidd Prydain.
- Roedd Bob Marley (1945–1981) yn ganwr, yn gyfansoddwr ac yn gerddor o Jamaica a gyfrannodd at ledaenu cerddoriaeth reggae ar draws y byd. Mae ei ganeuon yn bwysig oherwydd bod llawer ohonyn nhw yn hyrwyddo heddwch, cariad, a chyfiawnder cymdeithasol. Maen nhw'n parhau i ysbrydoli pobl ym mhob man heddiw.

**Cwestiynau**

- Beth yw cárnifal, a beth yw pwrpas cynnal cárnifal?
- Ar bwy roedd y bai am y gwrthdaro a ddigwyddodd yng Ngorymdaith y Maer flwyddyn cyn y stori hon?
- Sut mae Luke, Frankie, Leon a Wesley yn teimlo wrth weld y bechgyn o ben draw'r ddinas?
- Beth ydych chi'n meddwl mae Dominic yn gobeithio ei gyflawni wrth drefnu bod y bechgyn yn chwarae gyda'i gilydd?
- Beth sy'n bwysig wrth geisio dechrau sgyrsiau i gymodi?

# Bara a Chaws

## Bannau Brycheiniog, 1949

Gan Gail Sequeira

'Rho hi'n ôl.' Ysgyrnygodd Dawood Habib wrth iddo daflu ei fag cefn ar y rholyn cysgu. Cipiodd y jar roedd Dai Evans newydd ei hagor, gan golli ambell ddafn o'r olew perarogl yr oedd Sitti, ei fam-gu, wedi cadw'i *shankleesh*, y peli caws enwog, ynddi.

'Ffeit, ffeit, ffeit!' llafarganodd Carwyn.

Baglodd Dai Evans yn ôl gyda'i ddyrnau i fyny yn barod. 'Fyddai neb normal yn bwyta hwnna, Woody Woodpecker. Mae e'n edrych fel rhywbeth o'r lab bioleg.'

'Fy. Enw. I. Yw. DAWOOD, a beth fyddet ti'n gwybod am fwyd go iawn? Ti'n meddwl fod tato'n tyfu mewn tuniau!' gwaeddodd Dawood yn ôl, yn teimlo'n agos iawn at lefain wrth iddo gau'r jar drachefn.

Roedd e wedi bod yn pryderu am y trip gwersylla yma byth ers i bennaeth yr ysgol eu gorfodi i ymuno â'r sgowtiaid, neu gael eu diarddel am ymladd.

Roedd wyneb Dai mor goch â jam mefus ei

fam-gu wrth iddo redeg am Dawood, gan floeddio, 'AAAA!'

'BETH YN Y BYD SY'N DIGWYDD FAN HYN?' rhuodd Mr Phillips, meistr y sgowtiaid.

'Fe ddechreuodd!' gwaeddodd y ddau fachgen.

'Does dim ots 'da fi pwy ddechreuodd,' meddai Mr Phillips yn ddig. 'Mae tair awr i fynd cyn bod yr haul yn machlud. Ewch chi'ch dau i lawr i'r maes parcio i nôl coed tân.'

Ebychodd y ddau – roedd yr awr ddiwethaf yn dringo'r mynydd o'r maes parcio wedi bod yn ddigon anodd.

'NAWR!' rhuodd Mr Phillips.

Cadwodd Dai ei fag wrth ei rolyn cysgu a gwthiodd Dawood y jar i mewn i'w fag yntau, cyn ei roi ar ei gefn a gadael. Doedd e ddim eisiau mentro ei adael rhag ofn i un o'r lleill wneud beth roedd Dai wedi dechrau ei wneud.

Crechwenodd Dai pan ddaeth yn ôl at Dawood. 'Byddi di'n difaru pan ddaw hi'n amser i ti gario'r llond bag 'na'n ôl lan y mynydd a'r pren 'da fe hefyd.'

Gwgodd Dawood. 'Betia i y galla i gario mwy na ti.'

'Betia i *na* alli di,' saethodd Dai yn ôl.

'Fe alla i.'

'Alli di ddim, ac fe wna i ei brofi fe.' Stopiodd Dai. 'Betia i y galla i gyrraedd y maes parcio 'da llond bag o gerrig. Beth wyt ti'n ddweud, Woody Woodpecker? Neu wyt ti'n ormod o gachgi i drio?'

'Dawood yw f'enw i… Dwi 'di dweud wrthot ti o'r blaen. Mae e'r un peth â d'enw di!'

'Na'dy ddim,' atebodd Dai'n biwis. 'Dafydd yw f'enw i. Dyna oedd enw fy nhad-cu.'

'"Dawood" yw "Dafydd" mewn Arabeg, y… twpsyn!'

Dechreuodd Dai ateb, ond tawelodd wrth i gawod o ddiferion mawr trwm syrthio o'r awyr.

Edrychodd y ddau i fyny. Roedd cymylau enfawr llwyd yn cuddio'r rhan fwyaf o'r awyr las oedd wedi cadw cwmni iddyn nhw hyd yn hyn. Gan anghofio'r cerrig, brysiodd y ddau i lawr y mynydd mor gyflym ag y gallen nhw.

Yn y maes parcio cododd Mr Pryce, gyrrwr y bws, ddau fagaid mawr o goed tân allan o'r bws. Roedd Dai wedi bod yn edrych ymlaen at y goelcerth yn fwy na dim byd arall. Meddyliodd yn hiraethus am y toes pice ar y maen oedd yn ei fag, yn barod i gael ei siapio a'i goginio dros y tân y noson honno. Rhuodd ei stumog. Meddwl am hynny oedd yr unig beth a fyddai'n llwyddo i'w gael e i fyny'r mynydd gyda'r holl goed 'ma ar ei gefn.

'Ewch yn syth yn ôl nawr, bois,' rhybuddiodd Mr Pryce. 'Mae'r tywydd ar fin troi.'

Cododd Dai ei law wrth iddo godi ei bentwr o goed tân. 'Diolch, Mr Pryce.'

Cerddodd y ddau mewn tawelwch am hanner awr, eu cyrff yn plygu dan bwysau'r pren, a Dawood yn difaru na fyddai wedi gadael ei fag yn y babell.

Stopiodd Dai a cherddodd Dawood i mewn iddo. Nodiodd i gyfeiriad craig fawr ar ochr y llwybr a fyddai'n lle da i orffwys eu llwythi o goed.

Cerddodd Dawood draw ato a rhoi pwysau'r coed ar y graig. 'Syniad da,' meddai. Wrth drio cael ei anadl yn ôl, nodiodd Dawood, a syllodd allan ar y dyffryn oddi tanyn nhw lle roedd e'n byw gyda'i fam, ei chwaer fach a Sitti. Yn y pellter, roedd hi'n bosib gweld y bws melyn bach ar neidr lwyd y ffordd. Suddai'r haul i gyfeiriad y mynydd yn y gorllewin. Roedd niwl wedi codi o'u cwmpas nhw. 'Anadl y ddraig...' Roedd Dawood wedi ei weld sawl tro yn y pellter, ond erioed o fan mor uchel â hyn. Dyma'r tro cyntaf iddo ddringo mynydd ac allai o ddim aros nes cael dod â'i deulu yma, hyd yn oed Sitti, a oedd yn llawer arafach nawr nag y buodd.

Yn y dwyrain, roedd y cymylau lliw siarcol yn drwm yn yr awyr. Gwyliodd Dai'r glaw yn y pellter, a daeth teimlad anesmwyth i setlo yn ei fol fel carreg. Roedd y glaw yn symud tuag atyn nhw. Petai'n cyrraedd y rhan foel yma o'r mynydd... 'Gwell i ni symud.'

Dechreuodd Dai gerdded yn chwim, mor gyflym ag yr oedd ei goesau blinedig a'i ysgyfaint poenus yn gadael iddo symud. Ond roedd y cymylau'n gyflymach. Roedd y niwl yn mynd yn ddychrynllyd o drwchus.

Cafodd Dai ei eni ar yr Epynt, ar y tir roedd ei deulu

wedi ei ffermio ers saith can mlynedd. Cymerodd y fyddin y lle pan oedd e'n dair oed. Bellach, roedd e'n byw yn y cwm gyda'i fam-gu a'i fam. Roedd ganddo hiraeth mawr am y bryniau ac am ei dad-cu, a fu farw o dorcalon. Yn gyntaf am iddo golli ei dir, ac yn fuan wedyn, aeth ei fab, tad Dai, ar goll yn y rhyfel.

'Dwi ddim yn cofio'r ogof 'na,' meddai Dai, ei anadlu cyflym yn creu mwy o gymylau bychain.

Roedd Dawood yn dechrau poeni. 'Dwi'n meddwl ein bod ni wedi cymryd tro anghywir yn rhywle... Mae'r cymylau'n mynd yn fwy trwchus.' Roedd ei lais yn llawn ansicrwydd. Doedd e ddim yn gallu teimlo ei fysedd rhagor.

Roedd y cymylau fel petaen nhw wedi setlo, yn oer ac yn wlyb. Roedden nhw hyd yn oed yn newid y sŵn. Teimlai Dai ambell ddiferyn o law rhewllyd yn llifo i lawr heibio'i goler.

'Dwi'n credu y dylen ni...' dechreuodd Dawood.

'Beth am fynd yn ôl i...' meddai Dai.

'Yr ogof?' holodd Dawood.

Nodiodd Dai. 'Ie. Gwell i ni fynd.'

Erbyn iddyn nhw ddod o hyd i'r ogof eto, roedd y ddau fachgen yn wlyb diferol.

Eisteddodd y ddau gyferbyn â'i gilydd yn yr ogof. Cyn pen dim, roedd yr oerfel yn brathu.

'Ni-ni angen t-tân,' meddai Dawood, ei ddannedd yn tincian wrth iddo grynu.

'S-sut? Wyt ti'n gwybod sh-shwt i wneud hud a

lledrith?' gofynnodd Dai, yn stampio'i draed ar lawr er mwyn ceisio cael y teimlad yn ôl yn ei fodiau.

'M-mae gen i daniwr.' Gwnaeth Dawood ei orau i agor y clipiau ar ei fag.

'Ble gest ti fe?' ebychodd Dai, yn falch.

Am ychydig, doedd e ddim yn siŵr a oedd Dawood am ateb. Ond yna, dywedodd yn dawel, 'Fy sido… fy nhad-cu roddodd e i fi.'

Ymestynnodd Dai draw ac agorodd y clipiau ar fag Dawood. Tynnodd ar y llinynnau i agor y bag. 'Wyt ti'n byw gyda dy dad-cu?'

Ysgydwodd Dawood ei ben. 'Mae e yn Filastin… Palestina y'ch chi'n ei ddweud yma.' Daeth o hyd i hen daniwr blêr yr olwg, a'r papur newydd oedd Sitti wedi lapio'i fara pitta ynddo. Stwffiodd y papur dan bentwr o'r pren a cheisiodd oleuo'r taniwr, ond roedd ei fysedd yn stiff gan oerfel.

Estynnodd Dai ei law ac ar ôl ystyried am ennyd, rhoddodd Dawood y taniwr iddo. Cyn bo hir roedd y ddau'n eistedd o flaen tanllwyth o dân oedd yn dawnsio yng ngheg yr ogof. Mewn dim o dro, roedd stêm yn codi o'u dillad tamp. Stwffiodd Dawood ei daniwr i boced ei drowsus wrth i'w fol ruo.

Gwelodd fod Dai wedi troi i ffwrdd yn sydyn wrth iddo ymestyn i'w fag am y caws a'r bara pitta. Roedd rhan ohono yn dal yn flin a ddim eisiau rhannu. Yna cofiodd y gwersylloedd lle y buodd cyn iddo ddod i'w dŷ clyd mewn cwm yng Nghymru. Y llawenydd oedd

wedi llenwi ei galon pan oedd y lorïau bwyd wedi cyrraedd. Y torcalon pan sylweddolodd fod y dŵr a'r bwyd wedi mynd cyn iddo gael dim. Y boen oedd yn cnoi yn ei fol wrth iddo gyrraedd llecyn bach ei deulu o'r gwersyll yn waglaw. Y ffordd roedd ei galon wedi brifo wrth glywed ei chwaer yn llefain y noson honno.

Trodd at Dai, oedd yn cynhesu yn ei gornel. 'Ti moyn peth?'

'Na! Cadwa di... hwnna... i ti dy hunan,' meddai Dai'n ddigywilydd, ond rhuodd ei fol yn uchel a gwridodd.

'Dim ond bara a chaws yw e,' meddai Dawood. 'Fe ddywedodd fy sido, os wyt ti'n bwyta pan fydd dy gymydog yn llwglyd, bydd 'da ti fola tost. A dwi ddim moyn hynny!'

Edrychodd Dai ar y bara a'r jar agored. Daeth yn ei flaen yn araf. 'Shwt wyt ti'n ei fwyta fe?' gofynnodd, ei wyneb yn boethach na'r tân.

Chwarddodd Dawood. 'Ti'n ei roi e yn dy geg ac yn cnoi!' Cynigiodd fara pitta a phelen fach o gaws i Dai.

Cymerodd Dai gegaid fach. Gallai flasu perlysiau, yna blas cawslyd cyfarwydd.

Cyn bo hir, roedden nhw'n mwydo'r olaf o'r olew i mewn i'r bara.

'Ble gest ti hwn?' gofynnodd Dai yn chwilfrydig.

'Mae Sitti'n ei wneud e, fy mam-gu,' meddai Dawood.

'Roedd e'n flasus iawn.' Roedd Dai yn llawn teimladau newydd sbon. 'Pam nad yw dy... sido yma te?'

Trodd Dawood i ffwrdd. Ar ôl ychydig, sibrydodd, 'Pan gafodd Filastin ei rannu gan fyddin y cynghreiriaid er mwyn creu Israel, fe wnaethon nhw orfodi llawer o deuluoedd i adael tir oedd wedi bod yn gartref iddyn nhw ers cenedlaethau. Cafodd Sido a 'nhad eu saethu pan wrthodon ni adael ein fferm.'

Roedd Dai eisiau llefain. Er mai dim ond babis oedd yn gwneud hynny. Beth fyddai wedi digwydd petaen nhw wedi gwrthod gadael eu fferm? A fydden nhw wedi colli gweddill blynyddoedd bywydau Dad a Tad-cu?

'Beth yw hwnna?!' ebychodd Dawood, gan lamu ar ei draed.

Clustfeiniodd Dai. Ai sŵn... lleisiau... pell i ffwrdd... yn galw eu henwau? Sgrialodd y ddau allan i weld noson ffres, olau heb arlliw o'r niwl trwchus oedd wedi bod yno o'r blaen.

Gwaeddodd y ddau, a chyn bo hir ymddangosodd Mr Phillips rownd y gornel. Roedd un cip yn yr ogof sych, glyd a greodd y bechgyn gyda'i gilydd yn dweud mwy wrtho nag y byddai'r bechgyn wedi gallu'i wneud. Gan gadw'r boddhad oddi ar ei wyneb, rhoddodd help llaw iddyn nhw i hel eu pethau a chyn bo hir roedden nhw'n cerdded yn ôl am y gwersyll. Dywedodd Mr Phillips wrth Dai, 'Does 'na ddim braint mewn anwybodaeth. Wyt ti'n deall dy fod ti, wrth wneud hwyl am ddiwylliant rhywun – ac mae bwyd yn rhan o ddiwylliant – yn dangos dy anwybodaeth dy hunan?'

'Ydw, syr,' meddai Dai, a chywilydd yn cronni yn ei fol.

‘A, Dawood, dyw talu’r pwyth yn ôl byth yn gwneud daioni.’

‘Deall, syr,’ meddai Dawood, yn deall yn iawn.

Rhedodd gweddill y criw atyn nhw wrth iddyn nhw gyrraedd y copa.

Roedd ’na lawer o daro cefnau’n gefnogol a gweiddi hwrê.

Holodd Geoff Williams, ‘Pam na wnaethoch chi ddod yn ôl i’r gwersyll yn syth?’

Dywedodd Carwyn yn bigog, ‘Mae’n siŵr mai bai Woody Woodpecker oedd y cyfan.’

‘Doedd e DDIM yn fai arno fe,’ dywedodd Dai yn bendant, yn synnu ei hun yn fwy na neb. ‘Mynd ar goll mewn cwmwl wnaethon ni. A Dawood yw ei enw fe, sy’n Arabaidd am Dafydd.’

# Bara a Chaws

## Ffeithiau allweddol

- Mae cliriadau Epynt yn cyfeirio at y broses o orfodi pobl oedd yn byw yn ardal Mynydd Epynt ym Mhowys i adael eu cartrefi yn ystod yr Ail Ryfel Byd.
- Yn 1940, cymerodd y Swyddfa Ryfel Brydeinig ardal Mynydd Epynt yn safle i hyfforddi milwyr, gan arwain at symud tua 219 o bobl o 54 fferm (tua 30,000 o erwau o dir) i fyw yn rhywle arall.
- Arweiniodd troi allan cymuned Epynt at amharu'n fawr ar ddiwylliant ac iaith Gymraeg yr ardal, wrth i drigolion wasgaru a dod yn rhan o gymunedau eraill.
- Mae'r ardal yn dal i fod yn faes hyfforddi i filwyr, ac mae teuluoedd y rhai a gafodd eu gorfodi i symud yn dal i gofio am eu cyndadau a'r annhegwch.
- Mae *Nakba*, sy'n golygu 'trychineb' mewn Arabeg, yn cyfeirio at y broses o orfodi Palestiniaid i adael eu cartrefi a symud ardal yn ystod ac ar ôl Rhyfel Palestina 1948.

- Mae'r digwyddiad hwn yn hollbwysig yn hanes Palestina; lluniodd ei hunaniaeth genedlaethol, a'r gwrthdaro sy'n parhau rhwng Israel a Phalestina.

- Datblygodd y *Nakba* yn dilyn cynllun gan y Cenhedloedd Unedig yn 1947 a oedd yn cynnig rhannu Palestina yn ddwy wladwriaeth – un Iddewig ac un Arabaidd – gyda Jerwsalem yn ddinas ryngwladol. Cafodd y cynllun ei dderbyn gan arweinwyr Iddewig a'i wrthod gan arweinwyr Arabaidd ac Arabiaid Palesteinaidd. O ganlyniad, roedd cynnydd mewn gelyniaeth rhwng cymunedau Iddewig ac Arabaidd.

- Arweiniodd *Nakba* at argyfwng dyngarol. Roedd ffoaduriaid Palesteinaidd yn wynebu amodau dychrynllyd mewn gwersylloedd dros dro. Collodd llawer eu cartrefi, eu tiroedd a'u heiddo, a chawson nhw eu gwahanu oddi wrth eu teuluoedd.

- Mae'r *Nakba* yn ganolog yn y gwrthdaro rhwng Israel a Phalestina. Mae'n dylanwadu ar drafodaethau am hawl ffoaduriaid i ddychwelyd i'w cartrefi, am fodolaeth gwladwriaeth Palestina, ac am statws Jerwsalem.

- Mae Palestiniaid a'u cefnogwyr ledled y byd yn coffáu Diwrnod *Nakba* ar 15 Mai bob blwyddyn.

## Cwestiynau

- Fel y gwelwch yn y stori, mae 'Dawood' a 'Dai' yn golygu 'Dafydd'. I ba raddau mae deall hynny'n arwain at newid ym mherthynas Dawood a Dai?
- Mae Dawood a Dai yn dod yn fwy o ffrindiau wrth iddyn nhw fwyta'r *shankleesh* roedd sitti Dawood wedi eu paratoi. Pa fwydydd o ddiwylliannau neu wledydd eraill ydych chi'n mwynhau eu bwyta?
- Beth sy'n debyg am sut y cafodd trigolion Mynydd Epynt eu gorfodi i adael eu cartrefi ym Mhowys, a'r *Nakba* a brofodd y Palestiniaid?
- Beth sy'n wahanol am sut y cafodd trigolion Mynydd Epynt eu gorfodi i adael eu cartrefi ym Mhowys, a'r *Nakba* a brofodd y Palestiniaid?
- Mae trefedigaethu, neu goloneiddio, yn golygu cymryd tir sy'n gartref i rywun arall oddi arnyn nhw heb ganiatâd. A fedrwch chi feddwl am enghreifftiau eraill o hyn?

# Morabeza Inn, Caerdydd

## Stori o'r 1860au

### Gan Chantelle Moore

*Cnoc, cnoc. Cnoc.*

Dydw i ddim yn clywed cnocio ar y drws yn aml, nawr fod fy nhad wedi marw.

'*Ola! Tud dret? Salaam alaikum*. Croeso!' Roeddwn i'n arfer ei glywed yn gweiddi'n gynnes wrth iddo groesawu pobl oedd wedi teithio'r moroedd mawr – Somalia, Cape Verde, India'r Gorllewin a Yemen. Byddai sgyrsiau'n aml yn dechrau gyda dryswch wrth iddyn nhw geisio deall ieithoedd ei gilydd, ond byddai coflaid yn dod yn y diwedd bob tro.

Morabeza Inn. Unwaith, roedd y plac oedd ar ein drws ffrynt yn cynnig gobaith i rai oedd newydd gyrraedd Caerdydd. Roedd e'n anrheg a roddwyd i Dad gan forwr pan oedd e'n ddyn ifanc yn byw yn Cape Verde – anrheg o ddiolch am adael iddo aros ambell noson yn ei dŷ. Fe ddywedodd mai lletygarwch a chroeso oedd ystyr *morabeza* yn iaith *creole* Cape Verde. A dyna oedd ein cartref ni i lawer o'r gymuned: noddfa, cartref oddi cartref.

'Llety? Tŷ? Cysgu? Gwely?'

'Ie, ie, ie! Gwely heddiw, plis!'

'Dewch i mewn.'

Doeddwn i heb glywed y geiriau hynny ers blynyddoedd.

*Cnoc. Cnoc. Cnoc.*

Efallai y bydd pwy bynnag sydd wrth y drws yn gadael. Tynnodd Mam yr arwydd Morabeza Inn i lawr pan oeddwn i'n fachgen bach. Does 'na ddim llawer o bobl yn dod draw mwyach. Mae Mam yn dweud ei bod hi'n flinedig. Ac mae hynny'n golygu dim te sbeislyd a *puff puff* gyda'r Somaliaid, dim mwy o losin cnau coco gyda'r rhai o India'r Gorllewin, dim mwy o fwyta *cachupa* neu chwarae *oril* gyda'r bobl o Cape Verde. Dim ond Mam a fi mewn tŷ gwag.

*CNOC. CNOC. CNOC. CNOC. CNOC.*

'Mam, Y DRWS.'

'Ocê, John. Dwi'n mynd,' meddai wrth iddi frysio i lawr y grisiau.

Pan agora Mam y drws, mae dyn mewn siwt felynfrown yn sefyll ar y stryd wlyb a chês yn ei law.

'Helô.'

'Mrs Emily Jones?'

'Ie... Beth alla i ei wneud i chi?'

'Fe ges i'ch enw chi gan y brodyr yn John Wesley New Room ym Mryste.'

'Mae'n ddrwg gen i, dydw i ddim yn cynnig llety dim mwy. Rhowch gynnig gyda Margaret yn rhif 15.'

‘O? Ond cafodd eich tŷ chi ei argymell fel cartref oddi cartref i… i bobl fel fi. Morabeza, rhif saith Stryd Biwt?’

A dyna pryd dwi’n sylwi ar rywbeth. Briw pinc hir ar ei wddf. Pan fydda i’n syrthio ar y stryd wrth chwarae pêl-droed gyda fy ffrindiau, weithiau bydda i’n cael creithiau fel ’na ar fy mhengliniau.

Mae’r dyn yn dal i sefyll ar garreg y drws.

‘Dwi’n dod o Tennessee,’ dywedodd wrth Mam.

Byddai Dad wedi ei wahodd i’r tŷ yn syth, wedi cynnig cwpanaid o goffi iddo a siarad am hir am y dociau, lle roedd rhywun yn gallu dod o hyd i waith a lle byddai’r bobl wyn yn eich danfon i ffwrdd. Byddai wedi cynnig help llaw gyda dogfennau pwysig, gwersi Saesneg, ac wrth gwrs, byddai wedi ceisio eu cael nhw i ddod yn rhan o’r frwydr gan y Wesleyaid i ddiddymu caethiwo pobl. Byddai yn eu hannog nhw i ddosbarthu taflenni a llyfrynnau gyda’r gobaith o gael mwy o gefnogaeth.

Dwi’n tynnu ar sgert Mam a rywsut yn magu’r hyder i ddweud yr hen eiriau, ‘*Ola! Tud dret? Salaam alaikum*. Croeso.’

Mae’r dyn yn edrych arna i mewn penbleth, ond mae Mam yn ochneidio ac yn dweud, ‘Gwell i chi ddod i mewn.’

‘Diolch, Ma’am.’

Dwi’n arwain y ffordd i’r ystafell fyw.

‘Hoffech chi gwpaned o de?’ gofynna Mam.

'Plis, Ma'am.'

'Llaeth? Siwgr?'

Mae'r dyn yn nodio'n gwrtais.

'Plis, eisteddwch,' meddai Mam wrth iddi adael yr ystafell.

Mae'r dyn yn olygus, gydag ysgwyddau llydan, croen tywyll llyfn a phresenoldeb caredig sydd rywsut yn llenwi'r ystafell. Ond mae fy llygaid yn dal i grwydro at y marc ar ei wddf.

'Helô, boi. Beth yw d'enw di?' mae'n gofyn.

'John Jorge Morias,' atebaf yn bwyllog.

'Braf cwrdd â ti, John. F'enw i yw William Anderson Hall a dwi'n dod o Tennessee yn Unol Daleithiau America.'

Mae'n moesymgrymu rhyw fymryn ac yn dal ei law allan i mi gael ei hysgwyd. Mae'n tynnu ei het wlyb, yn tynnu siaced ei siwt ac yn symud ychydig ar wasg ei drowsus, sydd ddim yn ei ffitio'n dda iawn. Mae mwy o farciau pinc fel rheiny ar ei wddf uwchben ei sanau, ychydig yn uwch na'i fferau.

Alla i ddim peidio ag edrych o'i gorun i'w sawdl yn chwilio am fwy, ac yn meddwl tybed pwy yw'r dyn yma, a pham ei fod e yma. O'r gegin, gallwn glywed y tegell yn chwibanu.

'Wyt ti wedi clywed am Tennessee, John?' mae'n gofyn.

'Nac ydw. Yr unig beth dwi'n ei wybod am

America yw fod Dad wedi dweud ei fod e'n falch nad aeth e yno ar long.'

Mae William Anderson Hall yn nodio'n araf.

'Dydyn nhw ddim yn trin pobl yn iawn yna, John. Mae rhai cyfreithiau yn nhaleithiau'r de yn caniatáu i bobl brynu a gwerthu pobl o liw.' Mae'n agor ei geg unwaith eto, fel petai ar fin dweud rhywbeth arall, ond mae'n stopio ei hun.

'Dy'n ni heb gael ymwelwyr ers tro,' meddai Mam, gan ddod i mewn gyda hambwrdd. 'Fe benderfynais i gau pan fu farw fy ngŵr.'

'Wel, diolch, Ma'am, am fy ngwahodd i mewn.'

Mae'n edrych i fyny ar yr arwydd, y plac Morabeza Inn a arferai fod ar y drws ond a oedd bellach yn hanner cuddio y tu ôl i gloc ar y silff ben tân.

'Morabeza Inn – mae pawb yn dal i sôn amdano fel symbol o gynhesrwydd a diogelwch,' meddai William.

Dwi'n bwyta ychydig o gacen, a dwi'n benderfynol o gario 'mlaen â fy sgwrs gyda William.

'Pam ddaethoch chi yr holl ffordd i Gaerdydd? Oeddech chi ddim yn hoffi Tennessee?'

Mae Mam yn gwgu wrth i friwsion syrthio allan o fy ngheg. Mae hi'n rhoi paned William iddo.

'John, beth ydw i wedi ei ddweud ynglŷn â gofyn gormod o gwestiynau?'

'Mae'n iawn, Ma'am,' meddai William, gan gymryd ei lymaid cyntaf.

Mae tawelwch chwithig wedyn.

'Gawsoch *chi* eich prynu?' dwi'n mentro gofyn.

Mae William yn edrych ar Mam, yn edrych am ganiatâd i siarad. Mae hithau hefyd yn chwilfrydig – fe alla i ddweud – ac mae'n eistedd i lawr gyda'i phaned.

Mae Mam yn cymryd llymaid ac yn nodio ar William.

'Do, John, fe gefais i 'mhrynu.' Mae'n dechrau tynnu ei goler i lawr yn araf.

Mae fy llygaid a fy ngheg yn agor led y pen. Mae'n cario 'mlaen, yn torchi ei lewys ac yn tynnu ei sanau i lawr.

'William, mae hi mor ddrwg gen i,' meddai Mam, wedi ei brifo gan yr hyn mae'n ei weld.

Dwi'n ceisio meddwl pa fath o bobl all wneud hyn i rywun arall.

'Peidiwch â phoeni, Mrs Jones. Creithiau goroesi yw'r rhain. Nhw yw'r rheswm pam y des i'r holl ffordd yma, i Gaerdydd, Cymru.'

Doedd Mam a Dad heb gael ymwelydd fel William erioed o'r blaen. Roedden ni'n arfer gorymdeithio gydag arwyddion: 'YDW I DDIM YN DDYN AC YN FRAWD?' Ond wnes i erioed wir ddeall beth oedd ystyr hynny.

Roedden nhw'n siarad yn aml y dyddiau hynny am ryddid a chydraddoldeb i bawb, ond dwi ddim yn meddwl i ni gwrdd â rhywun oedd wedi cael ei drin fel hyn erioed o'r blaen.

'Pan gyrhaeddais i ym Mhrydain fe es i i Lundain,

ond allwn i ddim dod o hyd i waith yno felly penderfynais fynd i Fryste, a chwrdd â phobl garedig oedd yn Fethodistiaid. A nhw awgrymodd Caerdydd.'

'Sut oedd bywyd go iawn?' gofynnaf, yn meddwl tybed beth arall oedd William wedi ei ddioddef.

'Wel,' dechreuodd. 'Roedd fy mam yn gaeth ac yn dod o Affrica, a 'nhad yn Sais. Cefais i fy ngeni yn gaethwas a dydw i ddim yn gwybod dim gwahanol.' Mae'n parhau i siarad yn araf. 'Ein hunig bwrpas, mae'n debyg, oedd i weithio'r tir ac ufuddhau i orchmynion y meistr. Roedd anufudd-dod yn arwain at gael ein cosbi…' Edrychodd i lawr. 'Neu ein gwerthu.'

Powliodd dagrau tewion araf i lawr gruddiau Mam.

'Roedd rhai meistri'n garedig a rhai eraill yn filain.' Pwyllodd. 'Ond y dydd y gwerthodd y meistr fy ngwraig oedd y dydd y penderfynais i y byddwn i'n dianc. Y byddwn i, un diwrnod, yn ddyn rhydd.'

'Gallwch deimlo heddwch o'r diwedd, Mr Hall, nawr eich bod chi'n ddyn rhydd. Rhydd. Rhydd o'r diwedd,' meddai Mam wrth syllu i'w lygaid.

'Dwi yn teimlo hynny, Ma'am. A dwi'n diolch i Dduw fy mod i yma yng Nghaerdydd – yn y Morabeza Inn.'

'Amen,' mae'n sibrwd, ac yn nodio'n frwd.

'Sut wnaethoch chi ddianc?' gofynnaf.

'Wnes i ddim. Ddim y tro cyntaf. Fe driais i ond

fe ges i fy nal. Fe wnaethon nhw fy nanfon i'n ôl at fy meistr. Felly fe driais i eto, gan guddio yn y dydd a cherddded liw nos. Dwi heb deimlo mor newynog erioed, a weithiau ro'n i eisiau ildio.'

Dwi'n symud i eistedd yn nes ato, yn teimlo mor ddig fod pobl yn gallu bod mor greulon, ond dwi'n teimlo'n ddigon dewr i ofyn mwy.

'Ac yna?'

'Ac yna fe roddon nhw fi yn y carchar ac roedd rhaid i fy meistr ddod i fy nôl i. Roedden nhw'n fy nhrin i'n ofnadwy wedyn. Dim ond ar fy nhrydydd tro y gwnes i groesi afon Ohio, a rhoddodd Duw bobl garedig ar fy llwybrau i, pobl oedd wedi cael eu rhyddhau.'

Mae'n tawelu am ychydig ac yn cymryd llymaid o de. 'Fe wnaethon nhw 'mwydo i, cynnig llety i mi, hyd yn oed gofalu amdana i pan o'n i'n sâl. Yn y diwedd, fe es i am y gogledd, nes i mi gyrraedd Canada.'

'Pam mynd i'r gogledd?'

'Am fod gan bobl Ddu yn y gogledd fwy o ryddid na'r rhai yn y de, John,' ochneidia Mam.

Yna mae hi'n gwneud rhywbeth anhygoel, rhywbeth na fyddwn i byth wedi ei ddisgwyl.

Mae Mam yn cerdded draw at y silff ben tân ac yn codi plac y Morabeza Inn. Mae'n edrych arno'n llawn anwyldeb, gan gofio beth oedd ein tŷ ni wedi ei olygu i gymaint o bobl.

'John,' meddai mewn llais meddal.

'Cer i nôl y morthwyl a'r hoelion o'r gegin.' Mae'n cymryd anadl ddofn. 'Mae'n amser i ni gofio pwy ydyn ni.'

Dwi'n mynd yn syth i'r gegin ac yn chwilio drwy'r drôr-pob-dim am y tŵls.

'Dyma nhw, Mam.'

Mae Mam yn edrych arna i wedyn. Ac mae'n parhau i edrych arna i gyda chariad yn ei llygaid. Mae'n gwenu cyn dweud yn dawel,

'Diolch, cariad. Fe wnawn ni roi hwn yn ôl ar y drws ie, John?'

'Ie, Mam. Dwi'n meddwl y byddai Dad wedi hoffi hynny.'

Rydyn ni'n mynd i'r cyntedd, yn agor drws y ffrynt, ac yn hoelio'r plac glas yn ôl yn ei le. Yn ôl lle mae e i fod. MORABEZA INN – CROESO.

# Morabeza Inn, Caerdydd

**Ffeithiau allweddol**

- Mae *morabeza* yn air yn iaith *creole* Cape Verde, ac mae'n cyfleu lletygarwch ac ymddygiad cyfeillgar a hamddenol pobl y wlad.
- Roedd William A. Hall yn berson wedi'i gaethiwo o America a ddaeth i Gaerdydd.
- Yn 1862, cafodd stori caethiwed, dianc a rhyddhad William A. Hall ei chyhoeddi mewn llyfryn gan James Wood yn Nhre-biwt, Caerdydd.
- Er gwaethaf ei drafferthion niferus blaenorol, llwyddodd William A. Hall i ganfod rhyddid yng Nghaerdydd.
- Mae'r syniad o dai noddfa yn un sy'n cael ei gysylltu yn agos ag achosion o gynorthwyo pobl sydd wedi cael eu herlid gan gymdeithas. Yng nghyd-destun pobl wedi'u caethiwo yn y canrifoedd diweddar, roedden nhw'n fannau penodol allai gynnig lloches, bwyd a diod i'r rhai a fyddai'n dianc. Yn UDA, y Rheilffordd Danddaearol oedd yr enw ar y rhwydwaith cyfrinachol a phwysig yma o adeiladau a ffyrdd a fyddai'n cynorthwyo pobl wedi'u caethiwo i ddianc i ryddid yn y gogledd ac yng Nghanada.

**Cwestiynau**

- Beth mae rhyddid yn ei olygu i chi?
- Yn y stori, mae Morabeza Inn yn lloches i bobl sydd wedi ffoi o rywle neu sydd wedi teithio'n bell. Pa mor bwysig oedd tai lloches fel hyn yn hanesyddol?
- Nid oedd teulu John yn adnabod y bobl a fyddai'n aros yn y Morabeza Inn gan amlaf. Pam oedden nhw'n fodlon rhoi lle i aros i bobl ddieithr?
- Yn y bedwaredd ganrif ar bymtheg, roedd Unol Daleithiau America yn '*land of the free and the home of the brave*', ac eto'n caniatáu i bobl gael eu caethiwo. Cafodd y geiriau eu hysgrifennu yn 1814, ac maen nhw i'w clywed yn anthem genedlaethol UDA ers 1931. Beth yw eich barn am y gwrthddywediad hwn?
- Pa mor bwysig yw crefydd yn y stori hon?

# Y Llun Priodas

## Gan Gail Sequeira

'Llun priodas yw hwn,' meddai Geeta, gan graffu ar y cwpl yn y portread maint llaw oedd ar y carped rhyngddi hi a'i ffrind gorau, Lila.

Roedd y dyn wedi gwisgo'n smart mewn siwt dywyll. Gwisgai'r fenyw sari oedd wedi ei addurno'n gywrain. Roedd cadwyn o amgylch ei phen yn diflannu dan ei gwallt tonnog. Sgleiniai ei llygaid mawr tywyll â hapusrwydd.

Roedd Geeta a Lila wedi cwrdd pan oedden nhw'n fabis, a byth ers hynny roedden nhw wedi bod mor agos â dwy efaill. Ar y bore braf hwn o wanwyn, roedd y merched yn gorwedd ar y llawr mewn sgwâr o heulwen oedd yn dod i mewn drwy ffenest llofft Lila. Roedden nhw'n aros i fam Lila fynd â nhw i weld ei mam-gu, a oedd yn yr ysbyty'n gwella ar ôl cael ffliw.

'Sut wyt ti'n gallu dweud?' gofynnodd Lila, ei llygaid yn llydan agored.

'Sari a thlysau priodas. Mae gan Mam-gu a Tad-cu un fel hyn. Fe briodon nhw yn India. Mae'r fenyw yn sicr o India ond mae'r dyn yn edrych fel tase fe'n dod o Ewrop. Dyw e ddim yn gwisgo dillad priodas traddodiadol. Ti'n gweld?'

Trodd Lila y llun ben i waered. 'Mae 'na ysgrifen ar y cefn. Ond dwi ddim yn deall yr iaith.'

Craffodd Geeta ar y marciau cyrliog mewn inc glas. 'Marathi yw e.'

Roedd ei mam-gu a'i thad-cu wedi symud i Gymru yn yr 1950au, i weithio i'r Gwasanaeth Iechyd. Roedden nhw'n dod o Maharashta, y dalaith yn India lle mae Marathi'n cael ei siarad. Roedd Geeta'n ei siarad yn rhugl ond roedd darllen yr iaith, yn enwedig llawysgrifen wedi pylu fel hyn, yn anodd. 'Sh... r... ee...'

'Pum munud, ferched!' gwaeddodd Mam o waelod y grisiau.

'Ble wnest ti ddod o hyd iddo fe?' holodd Geeta wrth i'r ddwy godi.

'Yn y gist India yn yr atig. Roedd Mam-gu yn byw yn India nes ei bod hi'n un ar ddeg oed. Fe ddaeth hi a'i thad â'r gist yn ôl gyda nhw. Mae 'na lawer o bethau diddorol ynddo fe, fel y llun 'ma...' meddai Lila wrth i'r ddwy frysio i lawr y grisiau. Roedd Delyth, mam Lila, yno yn rhoi ei chôt amdani.

'Beth sydd gennych chi fan'na?' gofynnodd.

'Llun o'r gist India,' atebodd Lila, gan roi'r ffotograff i'w mam.

'Bobl bach! Mae hwn yn edrych fel petai e'n dod

o'r 1940au.' Roedd mam Lila wastad wedi bod â diddordeb yn India, er nad oedd Mam-gu bron byth yn siarad am ei hamser yno. 'Dyma lun anarferol!'

'Beth wyt ti'n ei feddwl?' holodd Geeta, gan wisgo ei chôt.

'Aaa.' Crychodd mam Lila ei thalcen. 'Wel... Roedd Prydain wedi meddiannu India tan 1947. Tan hynny, doedd pobl o dras Ewropeaidd a phobl o dras Indiaidd ddim yn cael cymdeithasu.'

Edrychodd Lila i lawr ar ei dwylo gwelw, ac yna ar wyneb tywyll Geeta, a oedd yn llawn syndod.

'Felly... Fyddai Lila a fi ddim wedi cael bod yn ffrindiau bryd hynny?' gofynnodd Geeta.

Crynodd gên Lila wrth i annhegwch y peth lenwi ei meddwl. 'Ond mae hynna'n ofnadwy! Pam lai?'

Dywedodd mam Lila'n ofalus, 'Roedd hi'n gyfnod gwahanol. Roedd llawer o'r rheolau cymdeithasol bryd hynny yn annheg. Ond roedd y bobl yma'n ddigon dewr i anwybyddu cymdeithas. Pobl fel nhw oedd y rhai arweiniodd y ffordd at greu byd gwell. Awn ni â'r rhain i'r 'sbyty, ie? Falle y bydd Mam-gu yn gwybod pwy ydyn nhw.'

Yn yr ysbyty, arweiniodd nyrs y ffordd at lawnt werdd hardd â choed yn britho'r lle. 'Mae Mrs Davies yn eistedd mas yn yr heulwen heddi. A! Dyma hi! Helô, Mrs Davies, mae gennych chi ymwelwyr!'

Gwenodd Mam-gu. 'Jiw jiw! Mae'n braf eich gweld chi. Dewch, eisteddwch, dwi moyn gwybod eich hanes chi!'

Dangosodd Lila'r llun. 'Fe ddes i o hyd i hwn yng nghist India, Mam-gu.'

Aeth wyneb Mam-gu yn welw pan welodd hi'r llun. 'Papa...' Cododd ei llygaid niwlog, ei meddwl yn bell yn ei hatgofion wrth i wynebau pryderus syllu arni. 'Aayi...'

Roedd hi'n swnio'n rhyfeddol o ifanc ac ar goll wrth iddi estyn ei llaw am y llun. Rhoddodd Lila'r ffotograff rhwng ei bysedd.

'Ydych chi'n gwybod pwy y'n nhw?' holodd Lila.

'Wel, dyna Aayi... Mam... Aayi, *mala maaf kara,*' sibrydodd Mam-gu, gan dynnu ei bys ar hyd rhimyn y llun.

'Chi'n gallu siarad Marathi!' ebychodd Geeta mewn rhyfeddod.

'Mama, ydych chi'n iawn?' Rhoddodd mam Lila ei braich o gwmpas Mam-gu.

'Beth ddywedodd hi?' gwichiodd Lila.

'Mae'n gofyn i'w mam... am faddeuant,' dywedodd Geeta.

Ar ôl ychydig, cofleidiodd Mam-gu fraich Mam yn annwyl. 'Dwi'n iawn, Del, eistedda di i lawr nawr. Dyma fy rhieni ar ddydd eu priodas.' Trodd y llun i weld y cefn a chyfieithodd y llawysgrifen oedd yn dechrau pylu. '*Mr Gethyn Prothero o Gaerdydd, Cymru a Mrs Malti Joshi-Prothero o Puna, Maharashtra, ar ddiwrnod eu priodas, 21 Medi 1937*. Roedd hi o Puna. Roedd Papa'n gweithio i'r East India Company pan wnaeth y ddau gyfarfod.'

Gwichiodd Lila yn llawn cyffro. 'Mae hynny'n golygu 'mod i fymryn bach yn Indiaidd hefyd!'

'Ond, Mama! Ro'n i'n meddwl mai "Molly" oedd enw'ch mam! Fe ddywedoch chi ei bod hi wedi marw mewn reiats yn India,' meddai mam Lila mewn penbleth.

Nodiodd yr hen wraig eto, yn edrych yn fwy trist nag y gwelodd Lila hi erioed. 'Fe wnaeth hi... Roedd yn rhaid i ni adael yn 1948, ar ôl i Mahatma Gandhi gael ei saethu. Mor greulon, yn enwedig gan ei fod e mor enwog am brotestio'n ddi drais yn erbyn coloneiddio yn India. Roedd ganddo filiynau o ddilynwyr. Roedd y llofrudd o Puna, chi'n gweld. Aeth y dref yn wenfflam fel coelcerth. Ddaeth fy aayi i byth gartre'r diwrnod hwnnw...' Llenwodd llygaid Mam-gu â galar. Sychodd ei dagrau a chwythodd ei thrwyn. 'Dim ond yr un gist fach yna oedd gan Papa a fi ar ôl. Roedd yr enw "Molly" yn teimlo'n haws unwaith i ni gyrraedd Prydain.'

'Haws? Dwi ddim yn deall...' sibrydodd mam Lila.

Ochneidiodd Mam-gu, gan droi ei blanced rhwng ei bysedd. 'Roedd hi mor braf yn India. Er bod dim llawer o ffrindiau gyda ni, roedden ni'n byw yn yr un dref â theulu Aayi felly roedd gen i lawer o ewythrod, modrybedd, cefndryd a chyfnitherod o 'nghwmpas i.'

'Ond pam nad oedd gyda chi ffrindiau?' holodd Lila.

'Roedd rhai pobl Indiaidd yn meddwl fod fy mam yn ddrwg am briodi 'nhad. Doedd y Prydeinwyr yn India ddim yn ein derbyn ni chwaith – fe roddon nhw arwyddion lan mewn clybiau a llyfrgelloedd, ac ambell fwyty hyd yn oed, gan ei gwneud hi'n glir nad oedd croeso i bobl nad oedden nhw'n wyn. Roedd pethau'n waeth byth yn Llundain. Roedd yr un arwyddion, bron, yn bodoli yno, ac roedd pobl yn gwrthod rhentu ystafell i ni pan ddeallon nhw fod fy aayi yn Indiaidd.'

'Ond... ond... pam oedd y ddau grŵp yn casáu ei gilydd gymaint â hynny? Fe ddysgon ni yn yr ysgol fod Thomas Jones wedi achub iaith Khasi. Ac mai'r Prydeinwyr adeiladodd reilffyrdd cyntaf India?' meddai mam Lila mewn syndod.

'Oedd, roedd Thomas Jones yn ddyn da, ond y rheilffyrdd... Mae gan y rhan fwyaf o straeon fwy nag un ochr, Del bach,' cododd Mam-gu ei hysgwyddau. 'Roedd gan rai gwledydd, oedd heb fod dan reolaeth Prydain, reilffyrdd ers degawdau. Cafodd rheilffyrdd India eu hadeiladu gan yr East India Company er mwyn gwella cyfleoedd busnes iddyn nhw eu hunain, dim fel rhodd i bobl India.'

Cymerodd Mam-gu hoe fach i feddwl. 'Pan gyrhaeddon ni Brydain, fe weithiais i'n galed dros y flwyddyn wedyn i guddio fy arferion Indiaidd. Fe wnes i gadw mas o'r haul er mwyn gwneud yn siŵr fod fy nghroen mor olau â phosib. Fe weithiodd

hynny. Roedd pobl yn meddwl 'mod i ychydig yn dywyllach na'r lleill am 'mod i wedi cael fy ngeni yn India. Fe ddysgais i siarad fel y bobl o'm cwmpas. Pan symudon ni i Gaerdydd o Lundain, fe wnes i erfyn ar Papa i beidio â dweud wrth neb 'mod i o... dreftadaeth gymysg... Fe dorrodd e'i galon, ond roedd Aayi wedi mynd... felly fe gytunodd e... er fy mwyn i.'

'Roedd hwn yn y gist hefyd.' Ymestynnodd Lila am gwpan bach coch a melyn ar ffon. Roedd llinyn yn cysylltu'r ffon gyda phelen fach bren.

'A!' Ymestynnodd Mam-gu amdano, a rhyfeddod yn amlwg ar ei hwyneb. 'Papa ddaeth â hwnna i fi yn y Diwali Mela.' Symudodd ei garddwrn a glaniodd y belen yn y cwpan yn daclus.

'Beth yw'r Diwali Mela?' holodd Lila.

'Wn i! Wn i!' Roedd Geeta'n neidio i fyny ac i lawr, a gwên fawr ar ei hwyneb. 'Diwali yw gŵyl y goleuni, pan fydd y dduwies Lakshmi yn ymweld â phob cartref, ond dim ond os yw e'n lân iawn, iawn. Mae'r mela fel... fel ffair fawr hwyliog ac yn rhan o ddathliadau Diwali. Mae 'na dân gwyllt a bwyd a llawer o bethau i'w prynu. Mae un yng Nghaerdydd bob blwyddyn a dwi'n gwybod fod un yn Llundain hefyd. Ond mae Mam yn dweud fod un ar bob stryd yn India, bron!'

'Ti yn llygad dy le, Geeta,' gwenodd Mam-gu, gan basio'r tegan iddi. 'Mae crefftwyr o bob man yn dod i werthu eu crefftau yno.'

'Fel y Farchnad Nadolig yn Nhŷ Mawr?' gofynnodd Lila'n obeithiol.

'Tebyg iawn i hynny,' atebodd Mam-gu.

'Mama...' meddai mam Lila yn araf. 'Wnaethoch chi fynd â fi ryw dro, pan oeddwn i tua'r un oed â Lila? Dwi'n cofio tân gwyllt a lliwiau a merched mewn saris a'r peli bach melys, blasus...'

'*Laddus*, ie, roedden nhw'n fendigedig. Dyna oedd y Diwali mela cyntaf yng Nghymru. Ro'n i bron â thorri 'mol eisiau rhannu'r rhan yna ohona i fy hun gyda chi… y rhan yna ohonoch chi… gyda chi,' meddai Mam-gu yn dawel.

'Fe ges i'r amser gorau, Mama. Falle y cawn ni fynd gyda'n gilydd eleni eto. Pawb ohonon ni.'

'Ie, ac fe gawn ni ddefnyddio rysáit *boondi laddu* fy mam hefyd,' addawodd Mam-gu.

Ceisiodd Geeta a Lila ddefnyddio'r tegan bach i gael y bêl i mewn i'r cwpan, ond methu wnaeth y ddwy. Sylwodd mam Lila ar y blinder ar wyneb Mam-gu. 'Fe ddylen ni adael i Mam-gu orffwys nawr.'

Pan ddaeth tro Lila am gwtsh, pwysodd Mam-gu'r llun i mewn i'w llaw. 'Diolch, Lila fach. Doeddet ti ddim i wybod, ond wnes i ddim edrych y tu mewn i gist India unwaith i ni ddod i Brydain. Taset ti heb ei agor e, fyddwn i byth wedi gweld wyneb Aayi eto. Mae'r meddyg wedi dweud falle y caf i ddod gartref fory. Falle gawn ni edrych ar weddill y pethau yn y gist gyda'n gilydd bryd hynny?'

Yn ôl yn y car, roedd Geeta'n feddylgar wrth iddi gau ei gwregys. 'Ydych chi'n meddwl fod gan Mam-gu deulu ar ôl yn India?'

'Hmmm…' dywedodd Lila.

'O, Geeta!' meddai ei mam. 'Mae hynny'n beth arall i'w ymchwilio! Mae gennyn ni lawer o waith o'n blaenau. Dwi'n gwybod am goloneiddio o safbwynt Prydeinig, ond dwi'n siŵr y gall Mam-gu, a dy fam-gu a thad-cu di, Geeta, ddysgu mwy i ni am y safbwynt o India.'

‘Beth am i ni gael parti syrpréis i Mam-gu pan ddaw hi gartref fory? Fe gawn ni holi pawb pan fyddwn ni gyda’n gilydd!’ Roedd Geeta’n byrlymu gyda chyffro.

Roedd Lila’n dawel wrth iddi ddilyn Geeta a’i mam i fyny’r grisiau i’r atig.

Yn yr atig, agorodd mam Lila gaead y gist fawr alwminiwm.

‘Beth sy’n dy fecso di, Lila?’ gofynnodd.

Mewn llais bach, atebodd Lila, ‘Roedd popeth ddywedodd Mam-gu mor… mor *rhyfedd*. Ro’n i wastad yn meddwl ein bod ni’n bobl dda oedd yn gwneud pethau anhygoel fel Thomas Jones. Dwi ddim yn deall…’

Gosododd mam Lila yr eitemau yn ofalus yn y gist a chau’r caead. Yna, trodd at Lila o’r diwedd. ‘O, cariad. Fe aeth miloedd o bobl o Brydain i India dros gyfnod y coloneiddio. Fe wnaeth rhai ohonyn nhw, fel Thomas Jones, bethau anhygoel, ond dwi’n dechrau dod i ddeall fod y rhan fwyaf o bethau gafodd eu gwneud yn ddrwg. Fe wnawn ni ddod o hyd i atebion i dy holl gwestiynau di a rhyw dro, bydd popeth yn gliriach.’ Rhoddodd Mam goflaid iddi.

‘Ond beth os… beth os ydyn ni’n dod i wybod am yr holl bethau ofnadwy wnaeth y coloneiddwyr… Beth os na fydd Geeta isie bod yn ffrind i mi?’ sibrydodd Lila, ei llygaid yn dynn ar grafiad dwfn yn y gist.

Atebodd Geeta yn bendant, 'Dwyt ti'n ddim byd tebyg i'r bobl yna. Allwn ni ddim teithio'n ôl mewn amser i newid pethau, ond fe allwn ni ddysgu am beth wnaethon nhw, i wneud yn siŵr nad yw'r pethau hynny'n digwydd eto.'

'Ffrindie gore am byth?' gofynnodd Lila gyda gwên wan.

'Am byth bythoedd, a mwy 'to,' atebodd Geeta'n gadarn.

# Y Llun Priodas

## Ffeithiau allweddol

- Roedd East India Company, a gafodd ei sefydlu ar 31 Rhagfyr 1600, yn fusnes Prydeinig a ddaeth i reoli masnach ag India'r Dwyrain. Chwaraeodd y cwmni ran allweddol wrth ehangu trefedigaeth Prydain yn India, gan reoli masnach, gwleidyddiaeth a materion milwrol, tan i'r cwmni ddod i ben yn 1874 yn dilyn Gwrthryfel India 1857.

- Mae sari yn ddilledyn Indiaidd traddodiadol. Darn hir o ddefnydd wedi'i addurno'n gain ac sy'n gorchuddio'r corff yw sari.

- Roedd Mahatma Gandhi (1869–1948) yn arweinydd ac yn actifydd Indiaidd a oedd yn hyrwyddo gwrthwynebu rheolaeth Brydeinig yn ddi-drais. Drwy ddulliau heddychlon, daeth India yn wlad annibynnol unwaith eto yn 1947. Ysbrydolodd hyn fudiadau eraill ledled y byd.

- Y Raj Prydeinig oedd y cyfnod pan oedd Prydain yn rheoli India ar ôl sefydlu trefedigaeth yno rhwng 1858 ac 1947. Daeth Prydain i reoli India yn y ffordd yma yn dilyn rheolaeth East India Company, gan arwain at newidiadau gwleidyddol, cymdeithasol ac economaidd mawr.

## Cwestiynau

- Beth mae'n ei olygu i fod yn berson o dreftadaeth gymysg?
- Sut mae'r stori'n dangos fod perthnasau rhwng gwahanol ddiwylliannau yn arfer cael eu gweld yn broblem?
- Beth mae'r stori yn ei ddysgu i ni am gymdeithas Prydain yn yr ugeinfed ganrif?
- Pam ydych chi'n meddwl nad oedd Mam-gu wedi sôn llawer am ei threftadaeth Indiaidd a pha effaith ydych chi'n meddwl gafodd hyn ar Lila a'i mam?

# Map Cymuned

Dewch ar siwrne unigryw trwy Gymru gyda 'Map Cymuned', adnodd rhyngweithiol arbennig a gynhyrchwyd gan Atebol ar gyfer Hwb, llwyfan dysgu digidol cenedlaethol Cymru. Yma cewch gasgliad o hanesion diddorol am bobl Ddu, Asiaidd a chymunedau ethnig amrywiol eraill Cymru, ar gyfer dysgwyr rhwng 7 ac 16 oed.

Nod y map dwyieithog, sydd wedi ei gynllunio'n benodol ar gyfer y Cwricwlwm, yw i gefnogi ymarferwyr a dysgwyr ar y daith i ddysgu mwy am straeon amrywiaeth o bobl o Gymru ddoe a heddiw.

**mapcymuned.cymru**

atebol

Ariennir gan Lywodraeth Cymru
Funded by Welsh Government